元国税調査官
大村 大次郎

無税国家のつくり方

税金を払う奴はバカ！２

ビジネス社

はじめに

「財源をどうするか」が勝負の決め手！

筆者は、これから日本を「無税国家」にする方法をご紹介しようと思っている。

無税国家については、かの松下幸之助氏も推奨していたことがある。税金をなくすことで、国民の勤労意欲や経済活動の活発化を促す、国家の財源は税以外の方法で確保するという内容である。

もちろん税金がなければ、国民は助かるはずだ。企業の活動にも多大な好影響が出るはずである。

税金をなくすことができれば、こんないいことはない。

問題は**「財源をどうするか」**である。

国家は財源がなくては運営できない。しかも今や多額の財政赤字を抱えている上に、日本は世界最悪の少子高齢化社会である。財源がいくらあっても足りないような状況なのである。

しかしこの財源についても、**「ある方法」**を使えば容易に確保できるのである。しかもその方法を使えば、財源の確保だけではなく、金融システムの安定化や景気の触発にもつながるのである。

現在、日本の経済、財政が決してよくないことは多くの人がご存知のことだろう。アベノミクス、異次元金融緩和で一時的に景気が上向いたが、消費税の増税でそれも吹き飛んだ感がある。

そもそも日本経済がこれだけ長い間、低迷しているのは、資本主義経済そのものの欠陥も大きく関係している。

資本主義というのは、**「拡大し続けなければ回らない経済システム」**なのである。詳しくは後述するが、資本主義の金融システムというのは、誰かが借金をすることで成り立つもので、しかもその借金が増え続けなければ持続しないのである。

ここに、そもそもの大きな矛盾があるのだ。

また現在の税金制度も大きな矛盾をはらんでいる。

企業や富裕層の税負担はどんどん減っているにもかかわらず国際競争のためと称して、さらに企業や富裕層の税金を下げようとしている。人や企業が容易に国境を超えることができるようになった現在の税金制度では、国家は成り立たなくなりつつあるとさえいえる。

ところで、筆者は元国税調査官である。バブル崩壊後の税金の現場をつぶさに見てきた。税金の矛盾や限界についても嫌というほど体感している。

その中から導き出した財源確保の方法をご紹介したいというのが、本書の趣旨である。

筆者としては渾身の一冊のつもりである。

大村大次郎

第2章 〝日本の莫大な資源〟を生かして政府通貨を発行する

第3章 政府通貨は金融を安定させる

第4章 政府通貨は最良の〝税金〟

第5章 〝経済成長〟よりも〝経済循環〟を

序　章

日本は無税国家になれる

無税国家とは？

「日本は無税国家になれる」

そんなことを言っても、ほとんどの方がピンとこないだろう。

そもそも無税国家とは何か？

法人税、所得税、消費税、相続税などの税金がかからない国のことである。

サウジアラビアなど産油国の一部では、国民に税金がほとんどかからない国もある。

そういう国に日本もなれる、ということである。

「石油や天然資源などが、あまり産出されない日本でそんなことができるわけはない」

そう思う方も多いだろう。というより、ほとんどの方はそう思うはずだ。

しかし、日本には世界にも稀に見る特有の〝資源〟があるのだ。この〝資源〟を使えば、
日本は無税国家になることができる。

法人税、所得税、消費税、相続税がないとなれば、当然、経済は活気づく。

考えてみてほしい。

給料をもらっても、所得税の天引きがされていないのである。ほとんどの方が、それだけで給料が1割くらいは増えるはずだ。

しかも、モノを買ったときに消費税を払わなくて済む。それだけで、8%の得をすることになる。合計で18%もの得をするのだ。収入がいきなり18%上がるのと、ほぼ同じだといえる。

当然のように消費は上向く。

企業にしろ、法人税を払わなくて済むとなれば、設備投資に充てるお金も増えるだろうし、また投資家の日本企業への熱も高まるはずである。

景気はまたたく間に回復してしまうだろう。

"日本人の勤勉性"を資源に通貨を発行する

日本が持っている特有の資源というのは**"日本人の勤勉性"**のことである。

これを資源として、通貨を発行し財源に充てるのだ。

具体的に言えば、日本には、個人金融資産が1500兆円、企業の内部留保金が300

兆円ある。これを日本の**〝信用〟**とみなし、この1800兆円を基準にして、年3％程度の政府通貨を発行するのである。

政府通貨というのは、政府が独自に発行する通貨のことである。国債のように返還する義務はないのに、いくら発行しても財政赤字は増えない。だから、発行すればするだけ国は儲かるという通貨なのだ。

この通貨の難点は、「政府が勝手に発行できるので信用されないかもしれない」ということなのである。通貨が信用されなければ、社会に流通しない。それでは通貨の用をなさない。

しかし、個人金融資産と企業の内部留保金を「担保」とすることで、政府通貨に信用をもたせるのである。担保といっても、個人金融資産と企業の内部留保金を差し出さなくてはならないわけではない。政府通貨は国債と違って借金ではないので、デフォルトを起こす恐れはない。

政府通貨は「信用」され流通さえすれば、その後の貸借関係はないのである。その信用のための「見せ金」として、個人金融資産と企業の内部留保金を使うのだ。実際に、徴収するわけではなく、個人や企業はそれを保持しているだけでいいのである。

そして、たったそれだけのことで、個人や企業は税金がなくなるのである。

政府、個人、企業ともに誰も損をしないどころか、大得をするシステムなのである。

政府通貨の発行は、筆者の絵空事的な思い付きではなく、世界や日本の著名な経済学者たちもたびたび提言してきたことである。ノーベル経済学賞を受賞したジェームズ・ブキャナン、日本の元大蔵官僚の榊原英資《えいすけ》氏や経済評論家の森永卓郎氏、みんなの党の渡辺喜美氏なども、政府通貨の発行を提言したことがある。

しかし、具体的な運用方法についての議論があまりなく、また近年になってから先進諸国はどこもやっていなかったことから、なかなか実現に至らなかったのだ。

政府通貨の発行で最大の問題は、「信用」である。

その信用を日本の持つ財産である**「個人金融資産」**と**「企業の内部留保金」**によって裏付けようというのが、本書の趣旨である。

今の日本は、少子高齢化問題、社会保障問題、財政赤字など、末期的な課題をいくつも抱えている。今こそ、この政府通貨の発行を行うべきだろう。

日本発の金融革命を

そして、無税国家になる過程で起きる金融改革は、資本主義の欠陥を補うモデルケースになるかもしれないのである。

現在の資本主義経済における金融システムというのは、実に不安定である。

日本のバブル崩壊やリーマンショックなどを見ても、アメリカや日本のような先進国であっても、今の金融システムを使いこなしているとはとても言えない。

今の金融システムというのは、通貨の数量を国家が完全に調整できるものではない。中央銀行ができるのは、金融機関に流すお金の量を調整するだけであり、金融機関がどの程度のストックを持っているか、市場にどれだけのお金が流れるかは調整できないのである。

だから、中央銀行がどれだけお金を発行しても、金融機関の中に留め置かれてしまい、社会に流れないケースも多々ある。というより、今がまさにそれなのである。

そもそも今の金融システムは、綿密な制度設計のもとでつくられたものではない。その場その場でなし崩し的につくられたものなのである。

今の世界の金融システムは、1971年に起源がある。

それ以前の世界の金融システムは、1944年にブレトン・ウッズで開かれた国際会議によって定められていた。金1オンスをアメリカドルで35ドルに設定し、アメリカドルを世界の基軸通貨とする。そして世界各国の通貨は、アメリカドルと固定での交換レートが定められていた。

このブレトン・ウッズ体制というのは、アメリカが金を大量に保有してはじめて成り立つ制度だった。

「アメリカドルをいつでも金に交換する」

という保証があったために、アメリカドルが世界通貨として信用され、その信用により世界の金融システムは維持できたのである。

これは第二次大戦のころ、アメリカが世界経済で一人勝ちの状態が続き、世界の金の大半を保有していたからこそ、できた制度なのである。

しかし戦後、世界各国が復興するとともに、アメリカの金はまたたく間に流出していった。1971年には、ついにドルと金の交換を停止せざるを得なくなってしまった。そのため、アメリカドルと金の結びつきを根拠とした世界金融システムは崩壊し、現在の金融システムになし崩し的に移行したのである。

現在の金融システムは、先進国のほとんどで金などの兌換には応じず、国の信用によって通貨を発行している。

そして各国の通貨のレートは、その時々の経済状況によって変化する「変動相場」になったのである。

今使われている金融システムには欠陥が多々ある。というより、**欠陥だらけ**である。

今の金融システムは、企業が銀行からお金を借りなければ社会にお金が回らないようになっている。

そのため、インフラ整備、設備投資に多額のお金を要する発展途上国は別として、経済がある程度安定した先進国では、企業の借入金が思うように増えず、金回りの悪さに悩まされることになったのである。

この金回りの悪さも、政府紙幣の発行で「無税国家」をつくることによって解消される可能性が高いのである。

そして、これに成功すれば、日本は世界に先駆けて**新しい金融システム**を確立することになるのだ。

第1章

なぜ日本人はこんなに働いているのに苦しいのか？

日本は実は世界一の金持ち国

日本というのは、**実は世界一の金持ち国**なのである。

日本の個人金融資産残高は現在1500兆円。一人当たりの金融資産1000万円を超え、アメリカに次いで世界第2位である。

これは凄い金額である。

日本では、生まれたばかりの赤ん坊から百歳以上の老人まですべての人が、金融資産を平均で1000万円以上も持っていることになる。4人家族であれば4000万円の金融資産を持っているのである。

リーマン・ショックで景気が悪くなったとはいえ、今でもこれだけの資産を有しているのだ。

しかも、これは金融資産だけの話である。これに土地建物などの資産を加えれば、その額は莫大なものである。

また日本は対外準備高も全ヨーロッパの2倍もある。国民一人当たりにすると、断トツの1位である。日本は世界一の債権者の国でもあるのだ。

つまり**「日本人は世界一の金持ち」**と断言していいのである。

このように大金持ちのはずの日本人が、今、生活苦にあえいでいる。

今の日本では平均的な収入のある人でも、子供二人を育てるのは大変である。平均以上の収入があるのに、子供を二人育てられない国というのは世界でもあまりない。

また日本では毎日きちんと仕事をしているのに、住む場所さえままならない「ワーキングプア」と呼ばれる人たちが大勢いる。さらに極めつけは日本では毎年3

■先進国の個人金融資産の保有状況（2009年末）

		総額	一人当たり
アメリカ		4098兆円	1369万円
日本	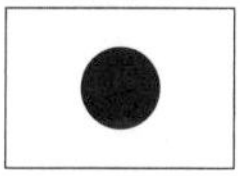	1452兆円	1137万円
イギリス		608兆円	1003万円
ドイツ		617兆円	749万円
フランス		506兆円	824万円

第一生命経済研究所のサイトより

万人もの自殺者がおり、その多くは経済的な要因だとされているのだ。

世界一の金持ちなのに、国民の中にはワーキングプアや経済的理由による自殺者が多数いる。

これはある意味、貧しい国よりも救いがたいといえる。

貧しい国なら頑張って豊かになれば、問題は解決する。

しかし今の日本は、国として金はもう十分に持っているのだ。にもかかわらず、ワーキングプアなどの問題が生じているのは、もっと根源的、構造的な欠陥を抱えているということなのである。

世界中のほとんどの国は日本より貧しく、日本よりも稼ぎが少ない。では世界中の人々のほとんどは暮らしていけていないのか、というと決してそうではない。日本よりはるかに稼ぎは悪いけれど、国民全部が余裕で暮らしている国だってたくさんあるのだ。

世界の富を集めているはずの日本で一体、何が起きているのだろうか?

我々はこんなに働いているのに、なぜ生活が苦しいのか？

「こんなにたくさん働いているのに、なぜ生活が苦しいの？」

今の日本ではこんな疑問を持っている人が多いのではないだろうか？

満員電車に揺られ、毎日サービス残業、それでも仕事が終わらず休日も出勤する。風邪をひいても会社を休めない。日本のサラリーマンの大半は、そういう生活をしている。

日本は有給休暇の取得率も先進国で最低で、日本人は世界で一番働いているといえる。

こんなに働いているのに、日本人はあまり豊かさを実感していない。

でも、これはよく考えればおかしなことである。

前項で述べたように、日本は世界一の金持ちなのだ。

本来の日本の経済力から見れば、国民の大半がこんな生活をしているのは**絶対におかしい**。

世界中のほとんどの国は、日本よりお金を持っていない。しかし日本より自殺率が低い。

世界中のほとんどの国は、日本より一人当たりの労働時間が短い。世界中の大半の国は、日本より出生率が高い。

日本は世界でもっともお金を持っているけれど、世界でもっとも**「生きる希望のない国」**

「生活の余裕がない国」になってしまったのだ。

日本がこんな国になったのは、もちろん政治の失敗などさまざまな理由がある。

しかし、今の経済システム、金融システム自体の構造的な欠陥も大きく作用している。

今の経済システム、金融システムでは、どんなに頑張っても豊かにはなれない部分があるのだ。

というより、頑張れば頑張るだけ苦しくなるというような、超矛盾的なシステムになっているのだ。

バブル崩壊以降も日本企業はしっかり稼いでいた

「日本の企業はバブル崩壊以降、苦しんできた」

「だから我々の生活も苦しいのだ」

今の日本人の多くは、そういう考えをしていると思われる。

しかし、これは**まったくの誤解**である。

バブル崩壊以降、日本の企業はどこも苦しんでいるというイメージがあるが、実は日本企業はずっと悪くなかったのだ。

それは経済の重要数値をみれば、誰だって簡単にわかるものなのだ。

たとえば、輸出入額である。

日本経済は、原料を輸入し製品加工して輸出するのが「主産業」である。この輸出入に関して日本経済は、バブル崩壊の影響をまったく受けていないのである。

バブルの絶頂期だった1991年と2007年を比べると、輸出は約2倍になっているのだ。

貿易収支も、バブル崩壊以降もずっと10兆円前後の黒字を続けている。赤字になったのは、東日本大震災の後になってからなのである（28ページ参照）。

しかもその赤字額もこれまで積み上げた貿易黒字に比べると、屁のような額なのである。

「近年、日本経済の国際競争力が落ちた」

などと言われることがあるが、決してそんなことはない。

これは、私だけが特別に入手した秘密のデータなどではない。財務省などが大々的に公

■バブル崩壊後も黒字だった貿易収支

	輸出額	輸入額	貿易収支
1991	42兆円	32兆円	+10兆円
1992	43兆円	30兆円	+13兆円
1993	40兆円	27兆円	+13兆円
1994	40兆円	28兆円	+12兆円
1995	42兆円	32兆円	+10兆円
1996	45兆円	38兆円	+7兆円
1997	51兆円	41兆円	+10兆円
1998	51兆円	37兆円	+14兆円
1999	48兆円	36兆円	+12兆円
2000	52兆円	41兆円	+11兆円
2001	49兆円	42兆円	+7兆円
2002	52兆円	42兆円	+10兆円
2003	55兆円	44兆円	+11兆円
2004	61兆円	49兆円	+12兆円
2005	66兆円	57兆円	+9兆円
2006	75兆円	67兆円	+8兆円
2007	84兆円	73兆円	+11兆円
2008	81兆円	79兆円	+2兆円
2009	54兆円	52兆円	+2兆円
2010	67兆円	61兆円	+6兆円
2011	66兆円	68兆円	-2兆円
2012	64兆円	71兆円	-7兆円
2013	70兆円	81兆円	-11兆円

財務省貿易統計より（兆円以下四捨五入）

表しているデータなのである。

毎年、毎年、10兆円もの貿易黒字を何十年も続けてきた国など、世界中にどこにもない。国際競争力から見れば、日本は世界のトップクラスであることは間違いないのだ。

貿易だけではない。

企業の収支も、バブル崩壊以降も決して悪くはない。

日本企業の営業利益はバブル崩壊以降も横ばいもしくは増加を続けており、トヨタに代表されるように、近年に史上最高収益を上げた企業も多々あるのだ。

そして日本企業は、企業の貯金ともいえる**「内部留保金」**をバブル崩壊以降の20年で、ほぼ倍増させているのである。

では、なぜ我々の生活は苦しいのか？

なぜ日本の財政はこれほど悪化しているのか？

それは日本の経済、財政システムに大きな**構造上の問題**があるからなのだ。

最大の問題は「金回りの悪さ」

「失われた20年」

と言われるように、日本の経済社会は、長い間、重い閉塞感に包まれてきた。アベノミクスで若干、景気が上向いたものの、消費税の増税もあり、今後、我々の生活がよくなっていく気配は見えない。

なぜこれほど日本経済は苦しんでいるのか？

現在の日本経済の最大の問題は「金回りの悪さ」だといえる。

そもそも企業業績は、バブル崩壊以降もそれほど悪くはなかったのである。前述したように〝本業〟である輸出もずっと増加傾向を続けているし、企業の売り上げや収益も決して悪くはないのである。

にもかかわらず、バブル崩壊後の日本経済は「失われた20年」と呼ばれ、我々はずっと閉塞感を持ち続けてきた。

これは、なぜか？

国全体としては有り余るほど金を持っているのに、それが一部に滞留し、社会全体に循環していないからなのである。

ありていに言えば、**金の流れが悪い**のだ。

本来、お金というものは「回る」ことで社会全体に富をもたらす。

企業が儲けたお金を、社員の給料や取引先の支払い、株主への還元などで社会に吐き出す。そのお金がいろんな場所で使われることで、別の企業の収益となる。そうやってお金が回り、社会全体が潤っていくのである。

しかし今の日本では、輸出で儲けたお金を企業がため込むばかりである。

株主への配当は増やしているが、社員の賃金は減らし続けている。その結果、企業はお金を社会に吐きだす量が大幅に減少し、それが経済規模を縮小させ、我々の生活を苦しめているのである。

これは、筆者が推測で言っていることではない。

明確にデータに表れていることなのだ。

個人金融資産、企業の内部留保金はこの20年で激増してきた一方で、国民の平均年収は大きく下がり、派遣社員が大幅に増え、年収200万円以下のサラリーマンは1000万人を突破している。

つまり企業や富裕層が社会全体へ金を吐き出さなくなったことが、閉塞感の最大の要因なのである。

政府は財政再建のために、消費税の増税を行った。

しかし、消費税は「金回り」を悪くする税金なのである。

消費税を導入すれば、もともと高くない内需がさらに冷え込むことになる。

また消費税というのは、国全体から広く浅く徴収する税金なのである。

今の日本は国民全体の収入は下がっている一方で、ごく一部に集中的に金が蓄積されているのである。だから国全体から広く浅くお金を取っても、お金の滞留は解消されず、むしろ循環の悪さが増すのである。

消費税に頼っていては、決してお金の循環の悪さは解消されないのだ。

誰かが大量の借金をし続けなくては資本主義経済は回らない

日本が長い閉塞感にあえいでいるのは、実は資本主義経済の欠陥も大いに関係している。

なぜかというと、資本主義経済での金融システムは今の日本の経済では不都合な点が多々あるからだ。

その最たるものが**「お金の流通」**の問題である。

あなたはお金というものがどうやって市中に流れているのか、知っているだろうか？

お金は日本銀行で発券されることは、多くの方がご存知だろう。

しかし、日本銀行から市中にどうやって流れるのか？

実は日本銀行が民間銀行に融資し、民間銀行が企業（国、自治体も含む）などに融資することで、お金は市中に流れるのである。

つまり誰かが借金をしないと、お金は市中には流れないのだ。

いや、お金が市中に流れるルートはもう一つある。

それは輸出の決済金である。企業が輸出をして、外貨を獲得して、銀行で日本円に交換したとき、円が市中に流れるのである。

現在の金融システムでは発券銀行から市中に金が流れるルートは、この二つ「企業の借り入れ」か「輸出の決済」しかないのである。

そしてお金が市中に流れるルートがこの二つしかないのは、資本主義経済の大きな欠陥でもあるのだ。

というのは、企業が銀行から借り入れをした場合、そのお金はやがて銀行に利子をつけて返すことになる。

つまりいったんは市中にお金が出たものの、出た金額より多くのお金を銀行に戻さなくてはならないのである。

だから市中に十分にお金を回そうと思えば、企業（国、自治体も含む）は次から次へと借金をしなければならないのである。

また貿易の決済にしても同様である。

輸出をして得た外貨は円に替えられることで、市中に円が回る。しかし輸入のときには逆に円で外貨を買うことになるので、円は減ってしまう。

つまり市中に十分なお金を流そうと思えば、企業（国、自治体も含む）が借金をしまくり、貿易黒字を稼ぎまくらなくてはならないのだ。

資本主義経済というのは、そうすることでしか回らないような仕組みになっているのだ。

企業の借入金が減ると不況になるという謎

もちろん企業が借り入れをしまくり、貿易黒字を稼ぎまくることが継続すれば、何の問題もない。

しかし、それは現実的に不可能なのである。

国の産業が成熟していくと、どうしても借入金は減るものだからである。

企業が借り入れを行うのは設備投資をしたいとき、つまり産業基盤を整えたいときである。

しかし企業は一通り設備投資を行えば、後はそれほど大きな設備投資は行わない。もちろん急成長している企業などは設備投資を行い続けることもあるが、通常の企業では設備投資はそれほど頻繁に行うものではない。

また国全体を見てもそうである。

国のインフラが整っていないときは国や企業が莫大な借り入れを行い、インフラを整える。

しかしインフラが一通り整えば、もうそれほどのインフラ整備は必要なくなる。

借金を拡大し続けないと資本主義は回らない

企業が借金を増やし続けるのは、よほど経済が成長し続けないとできない芸当なのである。

それは不可能である。

日本の場合も見ても、それは明らかである。

第二次大戦後、日本は何もない状態だった。そこからスタートしたのだから、経済が復興するだけで、それは即「急成長」につながった。

敗戦で焼け野原になった日本では、工業化を推し進める上では巨額の設備投資が必要だった。つまりこの時代の日本はまだ後進国だったために、まだ経済のインフラ、ハードの整備が必要だったのである。

日本の企業は銀行から多くの借り入れを行い、それは設備投資に回されることになった。その借り入れ金が市中にどんどん流れ、市中のお金はどんどん増えていく。それがまた景気の刺激となったのである。

しかし、現在は全然違う。

経済の規模は十分に大きくなっており、これ以上の拡大はもうそれほど望めない。企業の設備投資も一通り終わっていて、それほど大規模な投資はもう見込めない。

となると、市中に回るお金が減っていく。景気も悪くなっていくのだ。

日本の経済は戦後、ほぼ一貫して、企業（国、自治体も含む）の借入金残高は増加し続けてきた。しかしバブル崩壊後は、借り入れ金は減少に転じた。

前年より借入残高が増えた分だけ、社会にお金が新たに放出されるのである。逆に言えば、企業（国、自治体も含む）の借入

■企業の借り入れは明らかに減っている！

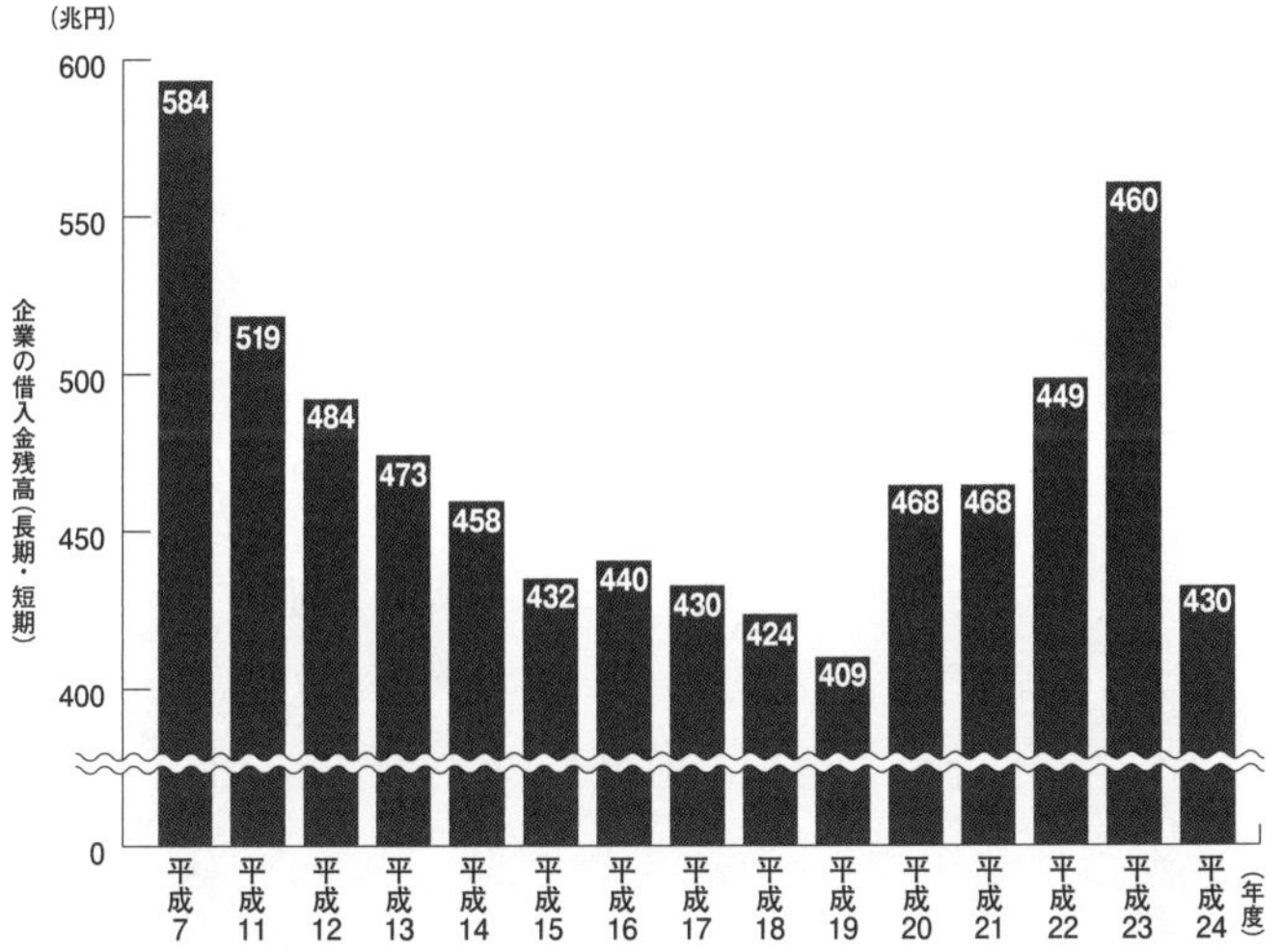

法人企業統計調査より

金残高が前年より減っていれば、その分だけ社会に流れているお金が減っているということになる。

37ページの図表のように日本は、ピーク時よりも150兆円近く企業（国、自治体も含む）の借入残高が減っている。これは、社会に流れているお金が150兆円減っているということなのだ。

社会の金回りが悪くなるもの**当然**と言えよう。

貯蓄が経済を停滞させる

日本のお金が十分に回っていない理由は、他にもある。

それは**貯蓄**である。

我々は働いて得たお金はすべて消費するわけではなく、一部分は貯蓄に回す。貯蓄に回った金は、市中には回らない。

となると、現在、流通している金は人々の貯蓄が増えていくとともに、どんどん減少していくことになるのだ。

とくに日本人は貯蓄性向が高い。

冒頭で述べたように日本の個人金融資産残高は現在１５００兆円。一人当たりの金融資産は１０００万円を超え、アメリカに次いで世界第２位である。

１５００兆円貯蓄しているということは、市中に流れるはずだったお金が１５００兆円銀行に戻っているということなのである。

また日本の場合、個人だけではなく、企業のほうも貯蓄性向が高い。

39ページの表を見てほしい。

これは企業の内部留保金の残高を示したものである。

内部留保金を簡単に言えば、企業の利

■近年の企業の内部留保（利益剰余金）

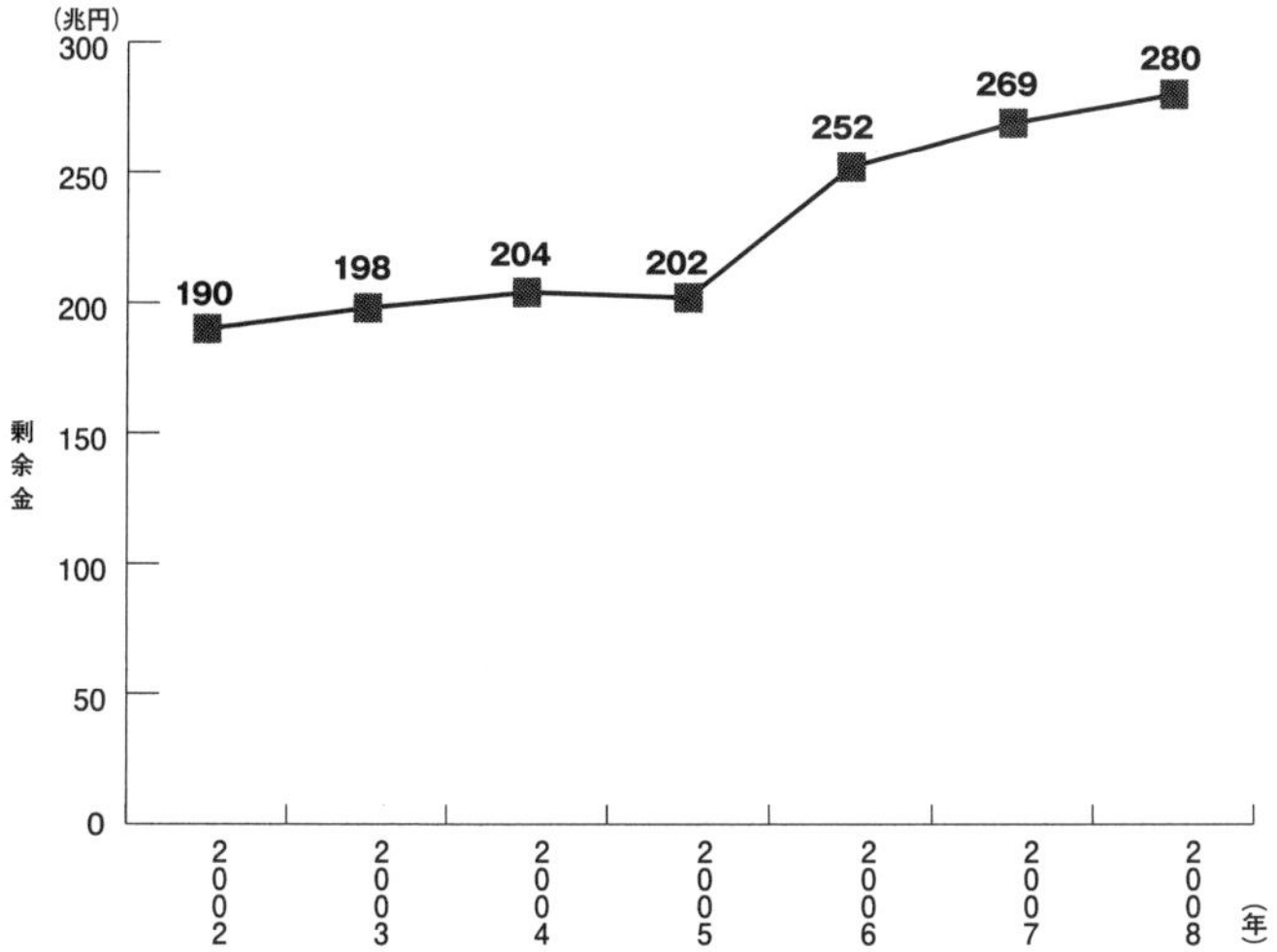

財務省法人企業統計調査より

益のうち、配当や役員賞与などを出した残りの金額のこと。つまり、企業にとって**貯蓄**ということになる。

日本の企業はもともと内部留保指向が高かったが、バブル崩壊以降はさらにそれに拍車がかかった。

2002年には190兆円だったものが、2008年には280兆円にまで膨れ上がっている。たった6年で**1・5倍**になっているのだ。

内部留保金というのは本来は企業の貯蓄のみではなく、設備投資に回される分もある。しかし、今の日本企業は内部留保金が投資に回される分は非常に少ない。なぜなら内部留保金だけじゃなく手元資金（現金、預金等）も激増し、200兆円を大きく超えているからだ。これは今の日本の企業では内部留保金がほとんど投資に回されずに、企業の内部に貯め置かれていることを示している。

日本企業の手元資金200兆円というのは、**異常値**である。

たとえばアメリカの企業の手元資金は、2010年末の時点で162兆円となっている。日本企業の手元資金は、アメリカよりはるかに多いのだ。

アメリカの経済規模は日本の2倍である。そのアメリカ以上の手元資金を持っているということは、割合としてアメリカの実質2倍以上の手元資金を持っていることになる。

またアメリカの162兆円の手元資金も決して少ない額ではない。

リーマン・ショック以降、企業が資金を手元に置きたがる傾向があり、膨れ上がったものである。そして、この巨額な手元資金がアメリカ経済の雇用環境を悪くしていると指摘されている。

この流れで言えば、実質その2倍以上の手元資金を持っている日本がどれだけ経済を収縮させているか。

貯蓄が増えるとなぜ景気が悪くなるのか?

日本は個人金融資産が多いし、企業の内部留保金も多いことを繰り返し述べている。

この件について疑問を持つ人も多いのではないだろうか?

「貯蓄が増えることは、いいことではないか?」と。

確かに個々の経済を見れば、貯蓄を増やすことはいいことのはず。

もしものときの蓄えをする、ということなのだから。

これがもし弥生時代などであれば、蓄えるのは100％美徳である。生産した農作物を無駄遣いせずに蓄えておくことは、悪いはずがない。

しかし貨幣経済において貯蓄が必ずしもいいこととは限らない。むしろ経済を停滞させる要因になりうるのだ。

たとえば、500万円の収入があった人がいるとする。

この人がこの500万円を全部消費に使ってしまった。そうなると、この500万円はそっくりそのまま誰かの収入になる。そしてこの500万円を受け取った誰かがそれを消費すれば、また誰かの収入になる。

つまり消費を行えば、500万円の収入が何回も何回も誰かの収入になっていく。そして何人もの人を潤すことになるのだ。

しかし、この500万円の半分を預金したとしよう。250万円分は銀行に入金されるだけである。

銀行は預金されたお金を単純に消費したりはしない。

誰かにお金を貸して、それを返してもらうだけである。

だから、この人が銀行に預けた250万円は誰かの借金を増やすことにはなっても、誰かの収入を直接増やすことにはならない。しかも消費のときのように、お金がどんどん人を循環していくことはない。銀行と借受人の間で行き来するだけである。

つまり消費と貯蓄を比較すれば、経済の活性化という面では圧倒的に消費に分があるのだ。

「金回りの悪さ」は先進国共通の悩み

金回りの悪さというのは、日本だけじゃなく先進国ほとんどの**共通の悩み**である。先進国の多くは、新興国のような莫大な設備投資はもはや必要ない。企業の借り入れ額はだんだん減っていく。

こうなると貿易黒字で稼がなくてはならないが、これも新興国などの急成長でままならなくなっている。

そのため「企業の借り入れ」「貿易の決済」以外で、お金が市中に回るルートをつくらなければならない。

その一つが、アメリカのＦＲＢ（連邦準備制度理事会）などが実施していた金融緩和なのである。

FRBが行っていた金融緩和は、お金の「第3のルート」とも言えるものだった。

発券銀行が発券したお金を使って、アメリカの国債や企業の債券などを購入するのである。

2012年9月から行われたアメリカの金融緩和QE3は、月額400億ドル（約3兆円）もの債券を市場から買い取るというものだった。オペレーション・ツイスト（国債の買い入れ）とあわせて、月額850億ドルのお金を市場にばら撒くものである。

FRBが市場から債券を買い取れば、市場にそれだけのお金が流れる。

そのため企業が借金をしたり、貿易黒字を稼がなくても、お金が市場に流れるルートができたのである。

資本主義の欠陥を補うという観点だけから見れば、これは理に適っているといえる。

アメリカ国債をFRBが買い取るということは、国が借金をして、事実上、国の借金を国の指導下にある中央銀行が買い取ることである。つまり企業が借金をしなくなったので、国が借金をして、そのお金を市中に流しているようなものである。

日本も昨年度から、「異次元の金融緩和」と称して、国債やETF（上場投資信託）、

ＲＥＩＴ（不動産投資信託）と呼ばれる債券を大量に購入し始めたことは、ご存知の通りだろう。

この「異次元金融緩和」により、株価は劇的に上昇し、景気も持ち直したかに見える。

しかし、この金融緩和策には問題点もある。

現在の金融緩和策の問題点

現在の異次元金融緩和策には、主に2点の問題がある。

国債やＥＴＦ、ＲＥＩＴと呼ばれる債券を購入すれば、いったん金融市場に大

■お金が社会に流れる主なルート

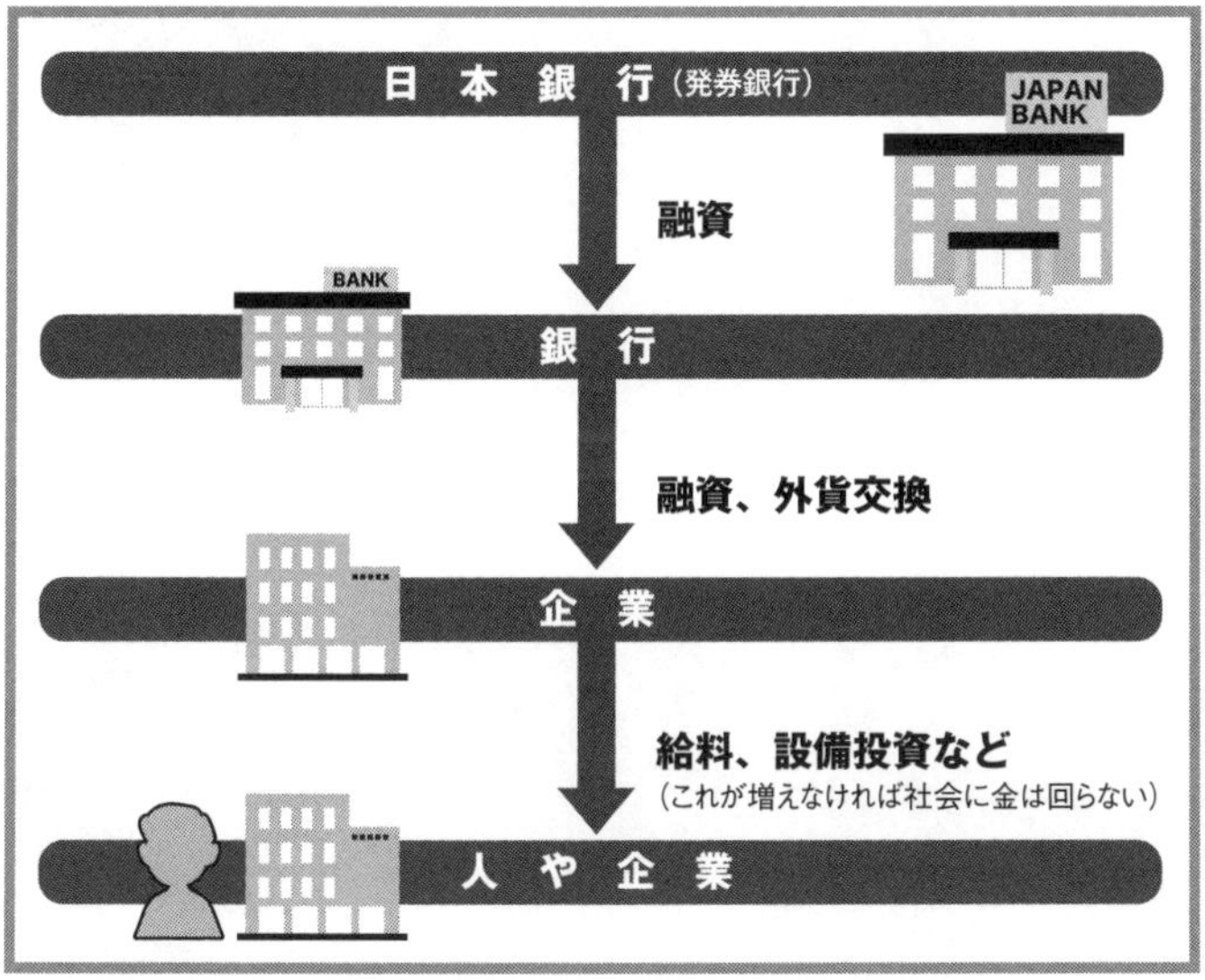

量の金が流れる。しかしそれが一般社会にちゃんと**循環**するのか？　という疑問が残る。

前述したように、金が社会に出回るためには企業が借金をするか、外貨を交換するしかない。

だから異次元金融緩和をして大量のお金をばら撒いても、企業が借金を増やさなければ、社会にお金は回っていかないのである。

平成25年度の企業の借入金は、前年と比べて大して増えていない。

つまり、これは異次元金融緩和によって大量に放出された通貨は金融市場だけで還流し、一般の社会にまではほとんど流れてきていないのである。

企業の借入金の増減だけで市場の金回りを判断することはできないが、大きな要素であることは確かである。

先ほども述べたように、産業が成熟した国の企業はそうそうダイナミックな設備投資などは行わない。だから金融緩和されて、金利が安くなったからといって、借入金が急増するようなことはない。


異次元金融緩和には、もう一つ大きな問題がある。

それは、異次元金融緩和は**一時的な痛み止め**のようなもので、根本的な解決にはなっていないのである。

いくら金融緩和をしたところで、財政問題にはまったく影響がない。財政赤字は相変わらず増え続けているのである。

財政問題を解決するためには、税制や社会保障などを根本的に改善しなければならない。

日本人の貯蓄性を〝資源〟にする

今の日本の景気の悪さ、金回りの悪さというのは1500兆円に膨れ上がった個人金融資産、300兆円に達する企業の内部留保金が大きく関係している。

しかしこの貯蓄性の高さは、日本人の勤勉さを表すものでもある。日本人はお金を稼いだからといって、それを全部費消してしまうようなことはしない。もしものときのために、しっかり貯蓄しておく。企業の内部留保金の多さも、その日本人の気質が影響しているはずだ。

そしてこの日本人の貯蓄性の高さは、以前は日本経済にプラスに作用していたのだ。

高度成長期からバブル期にかけて国民の貯蓄性が高いために、銀行は企業への貸出資金を確保できた。

企業は設備投資のために、銀行から多額の融資を受ける。その設備投資が新たな需要を生み、さらに景気を上向かせた。

この時代は**「投資が投資を呼ぶ」**とさえ言われ、日本人のやることなすことすべてが当たった。もしこの時代、日本人の貯蓄性が低ければ、企業は資金難に陥り、あれほど早く工業化は成し遂げられなかっただろう。

その貯蓄性の高さが現代の日本を苦しめているのだから、**皮肉な話**である。

しかし、この貯蓄性の高さを武器にすることもできる。

それが、本書でご紹介する「無税国家」のキモの部分なのである。

第2章

〝日本の莫大な資源〟を生かして政府通貨を発行する

政府通貨とは？

政府通貨という言葉をご存知だろうか？

政府通貨とは、政府が独自に貨幣を発行するものだ。貨幣というものは、現在、日本銀行が発行している。

この日本銀行が発行している貨幣は、発行に関して厳重な制限がある。

しかし政府通貨ならば、何の制限もなく自由に発行できる。

だから、それを**財政赤字と景気対策に使えばいい**というわけである。

政府通貨というのは荒唐無稽のものではなく、法律にも定められている金融手段の一つなのである。

「通貨の単位および貨幣の発行に関する法律」

という法律に「政府には通貨を発行する特権がある」と明示されており、しかもその通貨額には限度がないのだ。

昨今、政府通貨の発行を主張する経済評論家もいる。

「政府通貨を発行すれば、日本の財政赤字は解消され、景気も上向く」

「すべての経済問題は一挙に解決する」

というのである。

確かに政府通貨はある意味、日本経済の弱点を補うアイディアではある。

本来、日本はたくさん金を持っている。なのに金回りが非常に悪く、経済社会が不活発。

なぜ金回りが悪いのかというと、大きく二つの理由がある。

一つは、日本の金の多くが貯蓄（主に富裕層の）に回っているからである。

そしてもう一つは、金融システム上の問題である。

何度か触れたように、今の金融システムでは世間に金が回るルートは二つしかない。

企業（投資家などを含む）が銀行から金を借りるときか、企業が貿易などで得た外貨を円に交換するときである。

日本銀行が発行する貨幣はこの二つのルート以外に流通の回路がなく、市中に回ることはないのだ。

だから企業が金を借りるか、貿易で稼ぐかしないと、**世間には金は絶対に回らない**。

日本の場合、貿易などで儲けてせっかく市中に金が流れても、その多くが貯蓄に回ってしまうので、つねに金が不足している状態になってしまう。それが金回りの悪さになっているのだ。

そのため日本人は本当はお金持ちなのに、今よりももっともっと貿易で稼いだり、企業が銀行から金を借りなければならない。

金融システム上、日本人は常に経済成長することを義務づけられているのだ。

しかし政府通貨を発行すれば、上記の2ルート以外で市中に金が回ることになる。

このため日本の金回りの悪さ（簡単に言えば、景気の悪さ）が解消されることになりうる。

政府通貨はどうやったら流通するのか？

この政府通貨のアイディアは経済評論家の間でも口に上ることが時々あるし、与野党の議員が言及したこともある。

しかし政府通貨にはさまざまな懸念もあり、なかなか実現段階にはたどり着かない。

政府通貨を発行できれば、**こんなに楽なことはない**。

国債のように返済義務はないので、いくら発行しても財政は悪化しない。税金を徴収する手間も省ける。

いいことずくめだ。

しかしなぜ歴代の政府が政府通貨を発行してこなかったかというと、政府通貨にはそれを実現するにはいくつかの問題があるからだ。

その最大のものに**「信用の問題」**がある。

通貨というものは、信用がなければ流通しない。

特に紙幣の場合は貴金属ではないので、通貨に信用がなければまったく流通しない。

もし問題なく通貨が流通すれば、これほどおめでたいことはない。紙幣を刷るだけで財源が湧き出てくるからだ。

しかし、何の裏付けもない通貨が流通するのか?

これについては「流通する」という経済学者もいるし、「しない」という経済学者もいる。

近年、先進国で政府通貨を大々的に行った例がないので、なんとも言えないのが、本当のところである。

が、政府通貨に信用を与えれば、間違いなく通用するはずである。

だから政府通貨の問題は、どうやって信用を与えるかということでもある。

個人金融資産を裏付けにして政府通貨を発行する

政府通貨の信用という問題を克服して、政府通貨を発行する方法を一つ提議したい。

それは個人金融資産と企業の内部留保金を連動させて、政府通貨を発行する方法である。

具体的に言えば、企業の内部留保金や個人金融資産の**3%程度を担保**にして、政府通貨を発行するのである。

そうすれば、企業や個人はほとんど痛みをともなうことなく、内部留保金や個人金融資産で留め置かれた資金を市中に流すことができるのだ。

担保にするといっても、政府がそれを取り上げるということではない。

「信用を得るための見せ金として拝借する」

もしくは、

「政府通貨を発行する基準として利用する」

だけである。

これには、ちょっと説明を要する。

まず内部留保金、個人金融資産の何パーセントか（たとえば3％）を、特別ルールとして政府に管理権を与える。しかしこれは税金として国に納めるわけではなく、あくまでいざというときに国が管理する権利を与えるだけのものである。

実際に企業や個人は、まったく税金（現金）を納めなくていいのである。

そして政府は毎年、内部留保金、個人金融資産の3％（約50兆円）を限度に政府通貨を発行する（個人資産の場合、1000万円の貯蓄があれば30万円、100万円なら3万円の管理権を与えるのである）。

なぜこうするのかと言うと、政府通貨に価値の裏付けをするためである。

なんの裏付けもない政府通貨を発行した場合に、必ず流通される保証はない。

その紙幣が社会に信用されるかどうか、わからないからである。

しかし内部留保金、個人金融資産の**裏付けがあれば信用される**はずである。

そして企業や個人は金融資産や内部留保金を差し出すわけではなく、**信用を貸すだけ**である。

しかも信用を貸すという作業は、限りなく**「何もしないでいい」**ことに等しいのである。

もし金融不安が起こり、最悪のケースになった場合に、政府が管理する権利を持っているというだけである。最悪のケースになったとしても、徴収されるような可能性はまずない。

なぜなら政府通貨は国債と違って、**返還しなくてていいお金**なので、流通した時点でほとんど信用の問題は終わっているのである。またもし流通しなかった場合も、個人金融資産や内部留保金を使用するような事態にはならない。

だから個人金融資産や内部留保金は担保というより、政府紙幣を発行する基準として利用する程度なのだ。

つまり「日本にはこれだけの個人金融

■危険なく政府通貨を発行する手順

毎年、個人金融資産、内部留保金の 3%に対して、国に特別管理権を取得させ、いざというときには国が使用できることにする。

↓

政府は、毎年、内部留保金、個人金融資産の 3%（約 50 兆円）を限度に政府通貨を発行する。

↓

政府が特別管理権を持つ内部留保金、個人金融資産は、国が金融不安を起こしそうなときにのみ使用する。

資産、内部留保金があります。だからこの程度の政府通貨を発行して大丈夫なはずです」というアピールをするだけに使われるのである。実際に徴収されたり、費消されるケースは**99・9％**ない。

そして政府は内部留保金、個人金融資産の3％の範囲内で政府通貨を発行できるので、内部留保金や個人金融資産がいくら増えても、その3％は必ず市中に還流されることになる。

お金の滞留も解消されるのである。

ほぼ悪いことは何もない、と断言できるのだ。

信用の裏付けをする

先ほども述べたように、通貨を流通させるためには、その通貨に信用を持たせなくてはならない。

そのために個人金融資産、内部留保金の3％という枠を設定し、もしものときに政府通貨分の預貯金、内部留保金を管理するという建前をつくるのである。

そうすれば、政府通貨の信用は得られるはずである。

そんなことで通貨の信用が得られるのか？　と思う人もいるかもしれない。

しかし現在の通貨としては、それくらいの信用を持っていれば、もう十分だとさえ言えるのだ。今、使われている通貨よりも、よほど信用の根拠があるからだ。

そもそも現在の日本銀行券（普通のお札）に、信用の裏付けはほとんどない。政府の信用で流通しているものなのである。

ブレトン・ウッズ体制が崩壊し、世界の先進国のほとんどが金本位制度をやめてからは、先進国のほとんどの通貨は金と交換できない「不換紙幣」となった。つまり貴金属としての価値の裏付けはまったくない。紙幣は金と交換できないので、いわば紙切れである。それでも政府の信用で流通しているのである。

だから、政府通貨も流通しないはずはないのである。

政府通貨推進論者の中には、何の裏付け（担保）がなくても、政府通貨は流通すると論じる人もいる。

もしかしたら、それは当たっているかもしれない。

しかし**「やってみなければわからない」**ものであり、やはり紙幣の価値の裏付けはつくっておくべきだと思われる。

そのために個人金融資産、内部留保金と結びつけることで、価値の裏付けをするのである。

政府通貨の発行量には制限を設ける

誰も損をしない、みんなが得するしかない「信用付政府通貨」だが、その恩恵を享受するためには、厳格なルールのもとでの運用が求められる。

ルーズな運用をすれば、システムは崩壊してしまうからだ。

もちろん政府通貨の発行に関しては、厳密な制限を設けなくてはならない。

そのためには政府、財界、銀行、消費者等の代表で特別会議を設置し、毎年、妥当な発行額を決めるべきだろう。

特別会議に財界の人間を入れることで、無制限に政府通貨を発行できなくなるはずだ。

個人金融資産、内部留保金で政府通貨が保証されるわけだから、いくら税金を取られるわけではないと言っても、無制限に発行されれば、自らの資産の危険性が生じてくる。

だから彼らを入れることで、政府通貨の不必要な増長を防ぐのである。

筆者は金融資産と内部留保金の３％程度と提案しているが、これは「このくらいなら大丈夫だろう」という概算の数値であり、詳細な計算をして出した金額ではない。

詳細な金額については、もう少しさまざまなデータを分析した上で、はじき出す必要があるだろう。

政府通貨の発行に際し、もっとも気をつけなくてはならないのは**信用の問題**である。

政府通貨は信用がないと、流通しない。

信用を得るためには、厳格な基準を設けなくてはならない。政府通貨を何の基準もなく、無制限に発行していれば、最初は信用されていたとしても、だんだん信用を失っていくだろう。

それは絶対に防がなくてはならない。

だから「日本はこれだけ資産を持っているのだから、このくらいの政府通貨を発行しても大丈夫」という明確な基準を設け、それを**厳格に守っていく必要**がある。

野放図な政府通貨の発行は絶対に避けなければならない

いったん政府通貨が流通しはじめれば、政府はどんどん政府通貨を発行しようとしたがる。

政府通貨は一度発行してしまったら、抜け出せなくなり、最後は膨大な量になるのではないかという問題がある。

政府通貨はなんの対価もいらずに発行できるものなので、発行しようと思えばいくらでも発行できる。

現在、国や地方の歳出は税を徴収したり、国債、地方債を発行することでまかなわれている。政府通貨は、その手間が省けるのだ。

為政者としては、これほどの麻薬はないだろう。

しかし、そういうことをすれば、とんでもないインフレが起きる。

実際にそういう例もあるのだ。

政府通貨というのは、実は明治時代に発行されたことがある。

明治初期に発行されていた太政官札が、それである。

太政官札は当初は国民に貸し付けて、その利息で国家運営をする目的で発行された。しかし明治新政府は発足当初であまり財源がない上に、戊辰戦争などの戦費がかさんでしまったので、最初の目的からはずれ国民への貸し付けではなく、国家予算の一部に組み込まれてしまったのだ。

つまり太政官札という政府通貨を発行し、政府のさまざまな支払いに充てたのである。

太政官札はある程度は流通したが、新政府がたびたび大増刷を行ったために、通貨としての信用はなかなか得られず、たびたび深刻なインフレをもたらした。

そして最終的には、金との価値を連動させた兌換通貨の発行を余儀なくされたのだ。

また昨今では政府通貨ではないが、**赤字国債の悪例**もある。

戦後の日本では、長らく赤字国債の発行を制限してきた。

しかし石油ショック後の税収不足を理由に一回限りということで、赤字国債を発行した。それが一回限りでは終わらずに、年々発行し続け、現在では８００兆円という膨大な額になってしまったのである。

政府通貨が赤字国債と同様にならないとも限らない。

というより、今の政治家たちに何の制約もなく政府通貨の発行を許せば、間違いなく赤字国債と同様の運命をたどるだろう。

そして政府通貨の信用はなくなり、通貨不安の危険が出てくるだろう。

だから政府通貨を発行する際には、「発行額の基準」を厳格につくっておく必要があるのだ。

70兆円の政府通貨を発行しても国家経済はビクともしない

筆者は50数兆円程度の政府通貨の発行を提言しているが、そもそも70兆円くらいの政府通貨を発行しても、日本経済に悪い影響はほとんどない。

というのも実際に現在、70兆円のお金が「作為的」に社会に流れているからである。

例の日銀の〝異次元金融緩和〟では、年間70兆円もの資金が社会に流出されることになっている。

異次元金融緩和が始まって1年以上経過しているが、株価が多少上がった程度で、経済社会に大きな変化はない。つまり70兆円お金が増えたって、国の経済がそれほど影響を受けるわけではないのである。

ということは70兆円程度の政府通貨を発行しても、大したインフレも起きないということである。

政府通貨の発行というのは、今、日銀がやっていることを政府でやろうということだけだからだ。

だから、**「政府通貨は流通さえすれば問題はない」**のである。

政府通貨を発行するときに生じる問題は、主に次の二つである。

- **信用を得られるかどうか（社会に受け入れられ流通されるかどうか）**
- **際限なく発行されないか**

この二つの問題さえクリアすれば、政府通貨は何の問題もない、むしろいいことばかりなのである。

富裕層や企業にも得になる制度

個人金融資産、内部留保金の３％分の政府通貨を発行すれば、概算で50兆円の税収が確保できる。

現在の日本の国税の基幹税の税収は、これでほぼまかなえる。所得税、法人税、消費税、相続税は廃止してもやっていけるのである。

企業や富裕層などにとっても、これは歓迎すべきことだろう。

個人金融資産、内部留保金の３％分の信用を政府に貸すことで、法人税や所得税を払わなくて済むのである。

しかも、政府に貸した信用が焦げ付く可能性は非常に低い。

なぜなら政府通貨は国債とは違い、**返済義務はない**ので、デフォルトの危険はない。

金融不安（極度のインフレ、極度の円安など）になることだけが懸念材料なのである。

しかし50兆円程度の通貨量が増えたところで、金融不安になるとはとても思えない。そもそもその程度のお金は政府が国債を発行することで、これまでも社会に流してきたのである。

だから政府通貨を発行したからといって、急なインフレが起きる可能性は非常に低いと言えるのだ。

またインフレが起きたからといって、それを防ぐために個人金融資産、内部留保金を使う可能性はほぼない。インフレが起きたときに通貨を収縮させればいいのだから、政府通貨の発行を減らすなどの処置を取るだけである。

だから政府通貨の発行に際し、個人金融資産、内部留保金を実際に使う機会は、ほぼ考えられないのだ。まったくの「見せ金として使うだけ」と考えればいいのである。

なぜ3%なのか？

筆者は政府通貨の年間発行額を個人金融資産と内部留保金の3％としたが、これにはもちろん理由がある。

個人金融資産、企業の内部留保金の2％を基準にして政府紙幣を発行すれば、約35兆円の税収を得られる。

国の基幹税である法人税、消費税、所得税の合計額が30兆円台の後半だから、基幹税のほとんどが政府通貨だけでまかなわれるのである。

ということは法人税、消費税、所得税などの基幹税は、廃止もしくは相当に縮小できることになる。

そして個人金融資産、企業の内部留保金の3%を基準にすれば、**約50兆円の税収**が見込まれる。

50兆円というと、国の基幹税をすべて足した額よりも10兆円以上も多くなる。この政府通貨にプラスして他税目での税収を加えれば、日本の財政問題は大方片付くと言えるだろう。

そして個人金融資産、内部留保金の3%を保証としておけば、政府紙幣を発行するとして30年以上は上限に達しない。

そして30年も経てば、政府紙幣発行のシステムが確立すると思われ、個人金融資産や内部留保金の保証に頼らなくても発行できる状況になっていると考えられるからだ。

そして3%程度だったら、個人金融資産と内部留保金の自然増で吸収してしまう可能性が高い。

無税国家をつくった場合、個人金融資産と内部留保金が減り続けるとは考えにくく、むしろこれから大幅に増え続けると推測される。

なぜなら税金がかからないのだから、**国民の手取り所得は大いに増える**。その一部は当然、貯蓄や金融資産に向かうはずだからだ。

だから毎年3％の政府通貨を発行しても、日本経済はそれを十分に吸収してしまうと思われるのだ。

政府通貨はそのまま使うのではなく、いったん日銀券に交換する

政府通貨を発行する場合、政府通貨をそのまま社会に流通させるわけではなく、いったん全部を日本銀行に買い取らせる。

そして政府は日銀から受け取った日本銀行券を社会に流通させるのである。

なぜこんな操作をするのかというと、政府通貨をそのまま社会に流通させれば、日本銀行券（今のお札）と政府通貨という新しいお札の両方が流通してしまうことになる。

社会心理は、どう動くかわからない。もしかしたら日本銀行券だけが流通して、政府通

貨を受け取るのを拒む社会心理が出てこないとも限らない。また政府通貨の意味を社会が十分に認知するには、時間がかかるとも思われる。

なので安全のために、いったん日本銀行券に替えてから社会に流すのである。

この操作は、国債の直接引き受けに似ている。

国債の直接引き受けとは政府が発行した国債を日本銀行が直接引き受けて、日本銀行券に替えることだからだ。

違う部分は、**国債の場合は国の負債**となるが、**政府通貨の場合は負債とはならない**点である。

そもそも今のお金には裏付けがない

「政府通貨の発行」

に対して、必ずこういう批判をする人が出てくるはずだ。

「政府通貨には価値の裏付けがない」と。

しかし、この批判はまったく意味がない。

今、社会に流通しているお金に一体、どういう裏付けがあるのか、ご存知だろうか？

お金というのは、その素材そのものに価値はほとんどない（一部のコインを除いて）。

たとえば、お札は紙でできている。この紙自体の価値はほとんどない。

金貨ならば、ゴールドとしての価値がある。しかし紙幣には、そのもの自体には価値はないのである。

では、どういう理由でお金の価値は保証されているのだろうか？

金本位制の時代ならば、お金とゴールドはリンクしていた。国家が保有している金《きん》の量に応じて、お金は発行されていたのである。お金は金《きん》と交換可能だった。だからお金には、金《きん》の価値と同等の価値が裏付けされていたのである。

現在は、世界中のほとんどの国で金本位制は採っていない。

では、現在のお金はどういう価値の裏付けがあるのだろうか？

実は現在のお金には、価値の裏付けはないのである。

国家の信用で流通しているのである。

日本銀行は金を大量に保有するなどして、資産を保有している。

「日銀は、それだけ資産を持っているのだから、その日銀が発行したお札は、信用できますよ」

ということである。

しかしハイパーインフレなどが起きて、いざお金の価値が下がったときに日銀はお金と金を交換してくれるかというと決してそうではない。

だから、そもそも今の紙幣自体が本来は紙切れなのである。それが国の信用によって、使用されているのだ。

だから「政府通貨は価値の裏付けがない」という批判は見当違いなのである。

むしろ個人金融資産、内部留保金と明確にリンクさせていることで、今のお金よりも価値の裏付けがあるとさえ言える。

ハイパーインフレなどは絶対に起きない

「政府通貨を発行する」

などと言うと、終戦後の日本や第一次大戦後のドイツのようにハイパーインフレが起きると思っている人も多いようである。

しかし発行総量を明確に管理している限り、そういうことは絶対に起きないのである。

そもそもハイパーインフレに対して、世間は大きな誤解をしている。

「国の経済が混乱したときには市場が制御不能になって、自然発生的にハイパーインフレが起きる」

と思われているフシがある。

が、ハイパーインフレなどというのは、自然発生的に起きるものでは決してない。

考えてもみてほしい。

ハイパーインフレはお金の価値が何百分の一、何千分の一に下落するという現象である。これはそれだけ大量のお金が出回らないと、そういうことにはならない。お金自体の数量が増えないのなら、インフレが起きるのは物理的に不可能だからだ。

ハイパーインフレが起きているときは、必ず国が大量のお札を刷っているのである。国の運営に行き詰まって、どうしようもなくなって自ら札を刷っているのだ。

今まで起こったハイパーインフレも、自然発生的に起きたものなど一つもない。必ず政府（もしくは中央銀行）が何らかの理由で、紙幣を大量に発行しているのである。その結果、ハイパーインフレが起きたのであり、政府側としてはいわば**確信犯的な現象**なのである。

たとえば終戦直後の日本は、徴用工場への支払いや兵士の賃金の未払い経費が莫大な額に達していた。仕方がないので、大量の札を刷ったのである。だからこそ激しいインフレが起きたのである。

第一次大戦後のドイツもそうである。

当時のドイツは、ベルサイユ条約での過酷な賠償金の支払いに苦しんでいた。その支払いのために、大量の札を発行せざるを得ない状況になっていたのである。

中南米などで起きたハイパーインフレもすべてそうである。

それはそうである。

お金が大量に出回らないとハイパーインフレは起きない。お金の発行は国が管理しているのだから。

つまりハイパーインフレとは、国の側が**「もう仕方ない、やるか」**という状況にならないと、絶対に起きない現象なのである。

だから政府通貨を発行しただけで、自然発生的にハイパーインフレが起きることはあり得ず、発行の量が妥当な線ならば、金融市場に与える影響もほとんどない。

また昨今のコンピュータの発達などにより、インフレ率などは事前に計算することができる。

だから社会に悪影響を与える大きなインフレが起きないように、政府紙幣の発行量を調整することなどは、まったく容易なはずである。

もし政治家が無理な政府通貨の発行をしようとしても、コンピュータのデータなどを用いて各界から反対が起きれば、発行は不可能なはずである。

政府通貨に関して越えなければならない最大の障害は、よくよく検討もせずに「政府通貨などを発行すればハイパーインフレが起きる」という短絡的な発想だけだ。

今の金融システムであっても、ハイパーインフレは起きるときには起きるのである。

もし政府が国債を乱発したり、日本銀行が制限のない異常な貸し出しを行ったり、極端なモノ不足が生じれば、ハイパーインフレになる可能性はあるのだ。

それについて配慮していなければならないのは、現在でも同様なのだ。政府通貨を発行したからといって、その危険性が高まるわけではないのである。

個人金融資産、内部留保金を担保にして、政府通貨を発行することは、**「新しい税金の形」**だともいえる。

新しい税金の形

現在の税金は、社会に出ているお金を国家が吸い取る形で徴収されている。

これは、社会のお金の流通量を減らすことになる。

なぜなら人や企業から税金を取って財源とする場合は、人や企業が持っていたお金を国（自治体含む）が取り上げて、それを支出するだけなので、社会全体のお金は増えない。

そして税金が国庫に納められ、それが支出されるまでの間は、増えるどころか減ることになる。

だから税金というのは、社会全体の金の量を減らす作用を持っているのである。

しかし人や企業の余剰金を基準にして国が紙幣を発行した場合、お金そのものの量が増えるのである。

税金を取らない（もしくは大幅に減らす）ので、個人や企業から吸い上げられるお金はなくなる。

しかも国家が政府通貨により莫大な通貨を流通させるのである。

国家予算の倍の経済効果が期待できるのである。

つまり政府通貨で50兆円の国家予算を組めば、**100兆円の経済効果が期待できる**のだ。

世界的な経済学者も提言

政府通貨における最大の問題は、「近年の先進国でこれを大々的にやった国はまだない」ということである。

政府通貨の個々の問題というのは、実はそう大したことではない。

インフレの問題、流通の問題、どれもそう大きな障害ではない。

常識的に考えれば、政府通貨がハイパーインフレを起こす可能性はないし、政府がこれだけ安定している中で政府通貨が流通しないなどもありえない。

なのに、なぜ政府通貨の発行をこれまでやってこなかったか？

それは近代になってからは、先進国のどこもが政府通貨の発行を大々的にやったことがないからである。

政府通貨の発行は、著名な経済学者の間でも有効な経済政策としてたびたび提言されてきた。たとえばノーベル経済学賞を受賞したジェームズ・ブキャナンや著名な経済学者ジョゼフ・E・スティグリッツも、国債の発行で需要を喚起するのではなく、政府通貨の発行を勧めている。

これらの提言が受け入れられないのは、**「前例がない」**からである。

そして政府通貨の発行は、どこの国も実はやりたがっているものだと思われる。「金回りの悪さ」と「財政赤字」は先進国共通の悩みであり、「これを解消するには、政府通貨の発行が有効ではないか」という見方は少なからずあるからだ。

しかし、ただただ、前例がないので、どこの国も躊躇しているだけなのである。

日本が世界に先駆けてそれを行い、成功させれば、世界の税制や金融システムを変革させ、経済、金融を安定させることができるはずだ。

第3章

政府通貨は金融を安定させる

政府通貨は社会の金回りの悪さも解消する

政府通貨を発行することは政府の財源の確保や減税効果のほかに、社会の金回りをよくし、金融を安定させる効用もある。

個人金融資産、内部留保金を担保にして政府通貨を発行することは、金融システムとしても理にかなっている。

個人金融資産、内部留保金とは、社会の中で消費されずに余剰している資産だ。

何度か触れたが、日本の金回りが悪いのは個人金融資産、内部留保金に社会のお金が滞留してしまっているからでもある。

政府通貨の発行は個人金融資産、内部留保金を間接的に社会に放出する作業であり、その滞留を解消することができるからだ。

これまで社会の金回りの悪さを解消するには、日銀が金利を低くするか、金融債券を買い取る方法しかなかった。

しかし、これは期待通りの効果はなかなか得られない。

いくら金利を安くしたって、企業がお金を借りなければ社会にお金は回らない。また金融債券を買い取って通貨量を増やしたところで、そのお金を金融機関から企業が借り出さなくては、これまた社会にお金は回らない。

いずれにしろ、「企業の借金」を待たなければならないのだ。

だから企業が借金をあまりしなくなった現代では、先進国は常に金回りの悪さに悩まされることになったのである。

しかし政府通貨の発行は企業の借金を待たずに、滞留した金を社会に還元することができる。

政府通貨の発行は、**金回りの悪さの解消にもつながる**のである。

通貨を計画的に流通させる

政府通貨を発行して無税国家をつくった場合、通貨を計画的に流通させることができる。

これは通貨の安定のためには、現在よりもずっといいシステムだと考えられる。

現在の通貨とは何度も触れたように、中央銀行（日本の場合、日本銀行）が銀行にお金を貸し付けたり、金融機関から金融商品を買い取ったりすることで市場に流される。

そして通貨の流通量というのは金利を上げ下げしたり、金融機関から買い取る金融商品の量を増減したりすることで調整される。

なぜ金利を上げ下げするかというと、企業がお金を借りやすくしたり、お金を借りにくくしたりして市場の通貨の量を調整するのである。

そしてなぜ金融商品を買い取ったり、買い控えしたりするのか。そうすることで金融機関の保有するお金の量を増減させ、市場の通貨量を調整しようというわけである。

しかし金利を上げ下げしても、通貨の量は当局の思う通りにはならない。

なぜなら金利が下がったからといって企業が借り入れを増やすとは限らないし、逆に金利が上がったからといって企業が借り入れをやめるとも限らないからである。

また金融商品を買い取ったり、買い控えしたりしても、それは金融機関の保有するお金の量が増減するだけにすぎない。金融機関から企業融資などでお金が出ていかなければ、市場にお金は流れない。

だから中央銀行が金融商品を買い取っても、各金融機関が企業への融資を増やさず、別の金融商品を買うだけならば、マネーゲームは活発になる。けれど社会の金回りの悪さは変わらない結果になる。

現在のアベノミクスとは、まさにこういう状態と言えるだろう。

アベノミクスでの金融緩和ではマネーゲームが活発化して、株価は若干上昇した。だが社会にはなかなか金が回ってこないので、庶民は景気のよさなどはまったく実感できないのである。

つまり今の中央銀行によってできる通貨量の調整というのは、金融機関までの話であって、お金が金融機関から社会に出ていくかどうかまでの調整はできない。だからいくら金利を低くしても通貨量が思うように増えず、景気がよくならなかったりするのである。

しかし政府通貨の発行によって、確実に通貨の量を調整することができる。

政府通貨を発行し、それを政府の支払いに充てれば、その分のお金は確実に社会に流れる。だから、**政府が発行し支出したお金の量が新たに市場に流れるお金の量**ということになる。

インフレのときは政府通貨の発行量を少なくし、デフレのときは多くするといった調整方法もできる。そしてその調整方法は、これまでの中央銀行による調整方法よりもはるかに**確実な方法**なのである。

国債の直接買い入れとどう違うのか？

昨今では国債を日本銀行が直接買い入れることで、通貨の供給量を増やし、景気をよくすべしという主張も見られる。

国債を日本銀行が直接買い入れることは、政府が自分で通貨を発行することに似ている。政府通貨とどう違うのか、という疑問を持たれる人もいるだろう。

なので、ここでは「国債の直接買い入れ」と「政府通貨」の違いについて説明しておきたい。

国債の直接買い入れとは政府が国債を発行し、日本銀行がそれを直接買い取るということである。

政府は日本銀行総裁の人事権を持っている。日本銀行は政府から独立した機関といえども、政府の意向は汲まざるをえない。つまり日本銀行は、政府の子分のようなものである。

政府が発行した国債をその子分の日本銀行に買い取らせる。日本銀行は買い取った分の通貨を発行し、政府に渡す。

だから「政府が通貨を発行する」ことに、非常に近い操作だと言える。

しかし国債というのは、あくまで**国の負債**である。

国債を発行すれば、国の借金が膨らむことになる。借金の相手が子分の日本銀行であっても、借金は借金である。国の財政赤字の数値がまた膨らむのである。

そして財政赤字の額が膨らめば、国際社会からも市場からも警戒される。

日本の財政状態が**EUの加入基準以下**なのはよく知られたところである。もし今の日本がヨーロッパに位置しているとしても、財政が悪すぎるからEUに入れてもらえない可能性が大きい。

政府の借金を日本銀行が立て替えて経済が回っているのであれば、それでいいじゃないかという意見もある。「外国に大量に国債を売っているわけではないので、いざというときに、そう変なことにはならない」と。

しかし日本の財政に負債が残ってしまうことは確かであり、また日本銀行以外にも国債を持っている者もたくさんいる。国債を発行しすぎて金利が上がったりすれば、国はたちまち首が回らなくなる。

金利が低い今のうちに何とかしなくてはならないはずだ。

政府通貨は返さなくていい

一方、政府通貨というのは、**政府の借金**ではない。

政府の責任で発行するものであり、政府の持ち物である。

だからいくら発行しても、国の負債が増えるわけではない。

政府通貨は発行し流通さえすれば、後は財政上の問題はないのである（インフレの問題はあるが）。

国債を発行する上で、最大の問題は「返さなくてはならないこと」「利払いが増えていくこと」である。もしいくら国債を発行しても、返さなくていい、利払いも必要ないならば、こんないいものはないのだ。

その「こんないいものはない」ものが、政府通貨なのである。

現在の国債でも、**毎年利払いが10兆円前後**ある。

国税の税収が40兆円前後しかないのに、国債の利払いだけで10兆円も取られているのである。

現在でさえ、財政にとって大きな負担になっているのだ。

しかも、もし景気が改善するなどして金利が上昇すれば、利払いはもっと増える。そうなると、日本の財政は**デフォルトという最悪**の事態さえチラついてくる。

政府通貨ならば、そういう心配が一掃するのである。

個人金融資産、企業の内部留保金の3％の政府通貨を発行したとしても、50兆円の税収となる。

消費税を3％上げたとしても、5兆円程度の増収にしかならない。

もし消費税によって財政の健全化をしようとすれば、税率15％に上げたとしても75年もかかるのである。

しかも、これは消費税の増税分をすべて借金返済に充てた場合のことである。今後は社会保障費の増加が見込まれるので、そういうわけには絶対いかないはずだ。だから消費税の税率を20％程度にしても、半世紀以上かかると見込まれる。

またもし税率20％にすれば、日本の国力は相当に疲弊するはずである。消費が激減し、景気も後退するだろう。そうなれば予定通りの税収は確保できず、さらに税率を上げなくてはならない。

日本経済はどうなることか…。

消費税に頼るよりも、政府通貨を発行するほうがどれだけ健全で現実的かという選択となる。

絶大な好景気をもたらす

日本を無税国家にすれば、景気がよくなるのは間違いない。

所得税の廃止は、日本経済に莫大な景気効果をもたらすはずだ。

平均的サラリーマンでもだいたい収入の10％が所得税として取られている。これがなくなるということは、収入が10％増えるのと同じことである。もちろん可処分所得が10％増えることで、消費はぐんと増えるはずだ。

さらに消費税も廃止されるのである。サラリーマンは手取り収入が10％増えるとともに、買い物をするときに8％割安で買えることになるのだ。18％も収入が増えたような感覚になるはずだ（厳密に言えば、収入のうち貯蓄に回される分もあるので、消費税が廃止されても収入が8％増えたことにはならないが）。

サラリーマンの収入が18％も増えたら、どれほどの経済効果があるか、**想像を絶する**ほどだ。

これまで結婚できなかったカップルが結婚することもあるだろうし、車を買えなかった若者が車を買うケースも出てくるだろう。

もし消費はそれほど増えずに、多くが貯蓄に回ったとすれば……。

それは政府通貨の原資がまた増えることであり、それでもいいのである。

また法人税を縮小もしくは廃止すれば、設備投資が大幅に増加するはずだ。

各企業は儲かったときに何の迷いもなく、設備投資などを行うことができるからだ。

今の法人税法では、儲かったお金をそのまま設備投資に回すことはできない。なぜなら設備投資した費用は一括で経費に計上することはできず、その設備が使用できる期間に分散して費用を計上することになっている。

だから多額の金で設備投資をしても、1年間で経費に計上できる金額は総額の一部分にすぎない。

その一方で儲かったお金に対しては、儲かった年に全額が課税される。だから企業は儲かっていても、なかなか設備投資ができないのである。

設備投資が増えれば、世の中に流れるお金がそれだけ増えるということである。世の中にお金が回るようになれば、景気はどんどんよくなるのは間違いない。

そして法人税が安い日本には、世界各国から投資が舞い込むはずである。

個人金融資産や内部留保金が徴収されることは、まずありえない

預金者や企業は、別に自分たちのお金を国に差し出すわけではない。

自分たちの持っている資産を担保にして、「国に信用を貸す」だけのことである。

いわば、**国の連帯保証人になる**という感じである。

国としては「日本はこんなにお金を持っているのです。だからこの日本の政府が発行する通貨は信用がありますよ」と喧伝するための裏付け基準として、金融資産や内部留保金を利用するという構図である。

だから保証人といっても、**かなりゆるい保証**だと言える。

しかも連帯保証人になるといっても相手は国であり、そんじょそこらの親戚の保証人を引き受けるのとはわけが違う。

国というのは、社会でもっとも大きく強い機関なのである。

そうそう倒れることはないし、不安定化することもない。どんな企業や人の保証をするよりも、たやすいはずである。

たとえば政府がデフォルトが起きそうだからといって、すぐさま預貯金、内部留保金が政府に没収されるわけではない。

「通貨の危機的な状況が起きれば、安定のために使うかもしれない」

という、ゆるい束縛なのである。

そもそも政府通貨には国債と違って返済の義務がないのだから、デフォルトとなる状況は生まれない。

何度も言うように政府通貨で問題となるのは、流通するかどうか（信用されるかどうか）とインフレだけである。

ちゃんと流通してそれほどインフレが起きなければ、問題はないのである。

しかもむやみやたらに発行しているのではない。預貯金、内部留保金の3％程度の金が市場に流れたとしても、大きなインフレが起きることはまずあり得ない。市場の金の不足分をちょうど補うくらいだろう。

また何度か触れたようにインフレが起きたときは、政府通貨の発行を控えるなどすればいいだけである。個人金融資産、内部留保金に手をつけるようなことは起きない。

預貯金や内部留保金が減った場合はどうすればいいか？

「もし、預貯金、内部留保金が減った場合、政府通貨の発行はたちまち行き詰まるのではないか？」

という懸念を抱く人もいるだろう。

しかし、まずそういう心配はない。

無税になれば経済活動は活発化するはずなので、預貯金、内部留保金も増えるはずである。

しかし、もし預貯金、内部留保金が減った場合は、政府通貨は行き詰まってしまうのか？

それもノーである。

そもそも毎年預貯金、内部留保金の3％程度しか政府通貨を発行していないのである。

個人金融資産、内部留保金が多少減ったとしても、大勢に影響はない。

もし何年も続けて、預貯金、内部留保金が減り続け、以前に比べて大きく下がるようなことがあれば、それは日本の経済状況が変わったということなのだ。そのときはいったん政府通貨の発行を縮小したり、主要税を元に戻すなどの適切な処置をするべきだろう。

それは別に、「政府通貨の発行」が唯一の正しい金融システムではないのだから、柔軟に対応すればいいだけの話である。

しかし、そういう事態はデータ的に考えても、非常に可能性は低い。

莫大な個人金融資産を社会に役立てることができる

政府通貨の最大のメリットは、1500兆円に達する莫大な個人金融資産を社会に役立てることができる点である。

「個人金融資産をどうにかして社会に役立てるべき」という考えは、かなり以前からあった。

国の借金が800兆円あって財政が青息吐息になっているような状況で、一方ではその倍の個人金融資産があるのである。

これは他国から見ても、**奇異に映る**はずである。

日本は国全体では莫大なお金を持っているのに、なぜ国は借金まみれで苦しんでいるのか、と。

ただこの個人金融資産を社会に引っ張り出すのは容易なことではない。

個人金融資産は、個人の持ち物である。これを勝手に国が使うことはできない。国が使うためには、合法的にこの資産を引っ張ってこなくてはならない。

もっとも**手っ取り早いのは税金で取る**ことである。

しかし個人金融資産に税金を課すとなると、非常な困難があるのだ。

というのも、金持ちというのは税金に関して異常にうるさいのだ。

国民の多くは気づいていないが、この20年間、富裕層に対して大掛かりな減税が行われてきた。

信じがたいことかもしれないが、高額所得者の税金はピーク時に比べて40％も減税されてきたのである。

昨今の日本は景気が低迷し、我々は増税や社会保険料の負担増に苦しんできた。当然、金持ちの税金も上がっているんだろうと思っている人が多いだろう。

しかし、実は金持ちの税金はずっと下がりっぱなしなのである。

この流れを見れば、政府はわざと格差社会をつくったとしか考えられない。

金持ちの減税の内容を説明しよう。

95ページの表のように所得が1億円の人の場合、1980年では所得税率は75%だった。しかし86年には70%に、87年には60%に、89年には50%。そして現在は40%まで下げられたのである。

また住民税の税率も、ピーク時には18%だったものが今は10%となっている。

このため最高額で26・7兆円もあった所得税は、2009年には12・6兆円にまで激減している。半減以下である。

■所得税・最高税率の推移

	対象者の収入	税率
1974年～	8000万円超	75%
1984年～	8000万円超	70%
1987年～	5000万円超	60%
1988年～	5000万円超	60%
1989年	2000万円超	50%
1995年	3000万円超	50%
1999年	1800万円超	37%
2007年	1800万円超	40%

そして、この減税分はほぼ貯蓄に向かったと言えるだろう。金持ちは元からいい生活をしているので、収入が増えたところでそれほど消費には回されない。だから減税されれば、それは貯蓄に向かうのだ。

その結果、**「景気が悪いのに個人金融資産が激増」**となったのだ。

金持ちは強力な圧力団体を持ち、社会的にも高い身分の人たちが多い。そのため金持ちに課税しようとすると、その力を駆使してつぶしてしまうのだ。

「日本の金持ちは世界的に見ても高い税金を払っている」

などと金持ちたちは喧伝してきた。

しかし日本の金持ちの税金は名目上は高く設定されているが、さまざまな抜け穴があり、実際の税負担率はアメリカの金持ちの半分以下なのである。

このように金持ちというのは実にしたたかで、税金に関してシブい。つまりは個人金融資産を税金として引っ張り出すのは、なかなか難しいのである。

しかし政府通貨の発行ならば、それが容易に可能なのである。

なぜ容易かというと、個人金融資産を見せ金として使うだけならば、金持ちの負担はほとんどない。しかも所得税、相続税をゼロにしてくれるわけである。金持ちにとっては、これほどメリットの大きいことはないだろう。

また政府通貨を発行するということは、間接的に金持ちから税金を取るのと同じことである。

詳しくは次章で述べるが、政府通貨を発行すれば、お金の量が増える。お金の量が増えれば、お金の価値は減る。お金の価値が減るということは、お金をたくさん持っている者が損をするという意味なのである。

お金の価値が減るといっても、要は若干のインフレが起きるだけなので、金持ちにとってはそう負担ではない。だから、この点について金持ちが不満を述べるはずはない。何と言っても所得税と相続税がゼロになるのは、**金持ちにとって絶大なメリット**になるはずだからだ。

富裕層の資産の海外流出もなくなる

このように政府通貨の発行は、金持ちにとっても非常にありがたい制度なのである。

政府通貨の発行により相続税も廃止してしまえば、金持ちは大きなメリットを享受できるはずだからだ。

現在（平成27年以降）の相続税は最高税率が55％である。

相続というのはだいたい30年に一度発生するので、資産家は30年に一度、財産の55％を取られることになる。

しかし政府通貨の発行をすれば、これがなくなるのである。

相続税はあまりにも一度に多くとりすぎるので、資産家は死にもの狂いで節税をする。だから相続税は税率が高い割には、あまり税収には結び付いていないのだ。

現在の相続税の税収は、なんと2兆円前後しかないのだ。

消費税の5分の1以下なのである。個人金融資産を1500兆円も持っている国民の相続税とは到底思えない。

しかも相続税の節税対策は、**金持ちにとっても損になっている**ことが多い。欲しくもない不動産を購入したりなど、資産家にとっては資産を目減りさせられることが多いのだ。だから資産家にとって下手に相続税の節税策を施すよりは、よほど政府通貨の発行のほうが全然ありがたい。

また政府通貨の発行で相続税を廃止すれば、金持ちが資産を海外に移すこともかなり削減されるはずだ。

昨今、富裕層が相続税逃れのために資産を海外に移すケースが時折見られる。

しかし資産を海外に移して相続税を逃れるのは、実は容易ではない。

現在の税法では、相続税は海外にある資産にも課せられる。だから合法的に相続税を逃れようと思えば、今の税法では国籍を変えるしかない。国籍を変え日本国の保護を放棄して海外に飛び出すのは、いくら富裕層でもそうできるものではない。

なのに、なぜ富裕層が海外に資産を移すかと言えば、税務当局の目を誤魔化すためである。

つまりは**脱税**である。

脱税というのは、非常にリスクが高いものである。

もし脱税が発覚すれば、35％増しで課税されることになるし、下手をすれば懲役ということもある。日本の国税当局は世界的にも非常に優秀なので、海外の隠し資産が発覚するケースも非常に多い。

もし脱税が発覚しなかったとしても、資産を海外に持ち出す場合、手数料やさまざまな経費がかかってしまう。

それを考えれば、海外に資産を移すよりは、政府通貨の発行のほうがよほどありがたいということになるはずだ。

国際社会は日本の政府通貨発行を待っている

現在、先進国で政府通貨の発行を大々的に行っている国はない。なので日本が政府通貨の発行を行えば、国際社会から敬遠されるのではないかという意見もある。

しかし、これは**杞憂**である。

というのも、金回りの悪さは先進国共通の悩みである。「誰かが借金をし続けないと回らない」という今の金融システムがそろそろ限界に近づいているのは、どこの国も認識していることである。

だからこそアメリカはFRBが金融商品を大量に購入したり、イギリスでは禁じ手とされている中央銀行による国債の直接引き受けを行ったりしている。

どこの国も、今の金融システムの欠陥を補う有効な手立てを模索しているのである。

また財政赤字も、先進国共通の悩みである。

先進国の多くでは税収が思うように上がらず、しかも増税もなかなか難しい。そのため財源不足に陥り、赤字国債を発行してしまう。

その悩みを解消できる方法は、どこの国にとっても必要なものなのだ。

そして政府通貨の発行というのは、世界的な経済学者たちも提言していて、「どこかの国にやってみてほしい」アイテムなのである。

この方法を実際に試してくれる国を、**世界中が待っている**と言える。

政府通貨を発行した場合、通貨の流通はどうなのか？

インフレはどうなるのか？

こういうデータはどこに国もほしいはずだ。

そして、**日本はその実験にもっとも適している国**だ。

日本は財政赤字の累積や世界最速の少子高齢化により、財政がもっとも逼迫した国である。その一方で国全体の経済活動は衰えておらず、個人や企業は莫大な資産を持っている。

国全体では「担保」を十二分に持っている。

また非常に几帳面で厳格なシステム運用を行える国民性もある。

そういう国が世界に先駆けて政府通貨の発行を行い、モデルケースをつくったならば、**世界中から感謝される**のだ。

いきなり50兆円の政府通貨を発行しろとは言わないから、最初は10兆円でもいいので発行してみるべきである。そして発行した際の手順、発行後の流通状況、インフレや為替相場などの詳細なデータを世界に公表すれば、世界中の国々はそれを歓迎するはずだ。

少なくとも政府通貨を発行したからといって、国際社会が日本を疎外したりするようなことはあり得ない。

日本が個人金融資産と内部留保金を信用として政府通貨を発行し、それが成功すれば、世界の国々に新しい金融システムを示唆することになる。

日本が今一度、世界経済をリードする立場にたてるわけでもあるのだ。

第４章

政府通貨は最良の〝税金〟

機能不全に陥っている日本の税制

現在の日本の税制は、完全に機能不全に陥っている。

国民の多くは、日本の税制を先進国としてのレベルと思っているかもしれない。

しかし、それは大きな勘違いである。

今の日本の税制は先進国とは思えないほど、お粗末なものなのである。

どこがおかしいかというと、まず**税収がまったく稼げていない**点である。

たとえば、２００９年のアメリカと日本の所得税を比較してみよう。

日本の所得税はわずか12兆円にすぎない。アメリカは85兆７７００億円（9兆５３００億ドル）である。２００９年は為替が90円から１００円の間だった。だから、少なめにして90円で換算している。

なんとアメリカの所得税の税収は、日本の7倍以上もあるのだ。

アメリカの経済規模は日本の2倍ちょっとなので経済規模から考えれば、2倍ちょっとの差じゃないとおかしい。また日本のほうが最高税率は高いのだから、2倍程度の差になるはずだ。

にもかかわらず「アメリカの所得税収は日本の7倍以上」なのである。

経済規模を考慮しても、日本の所得税収はアメリカの半分以下と言えるのだ。

これは日本の所得税の税率が低いわけでは決してない。最高税率を比べれば、日本は40％、アメリカは39・6％なので、日本とほぼ同じだ。また課税最低限（税金が免除される所得制限）も日本は低い。だから低所得者層にも高額所得者にも、アメリカよりも厚く税金をかけているはずなのだ。

また国民所得に対する所得税の負担割合を見ても、日本は著しく低い。

■主要国の個人所得税の実質負担率（対国民所得比）

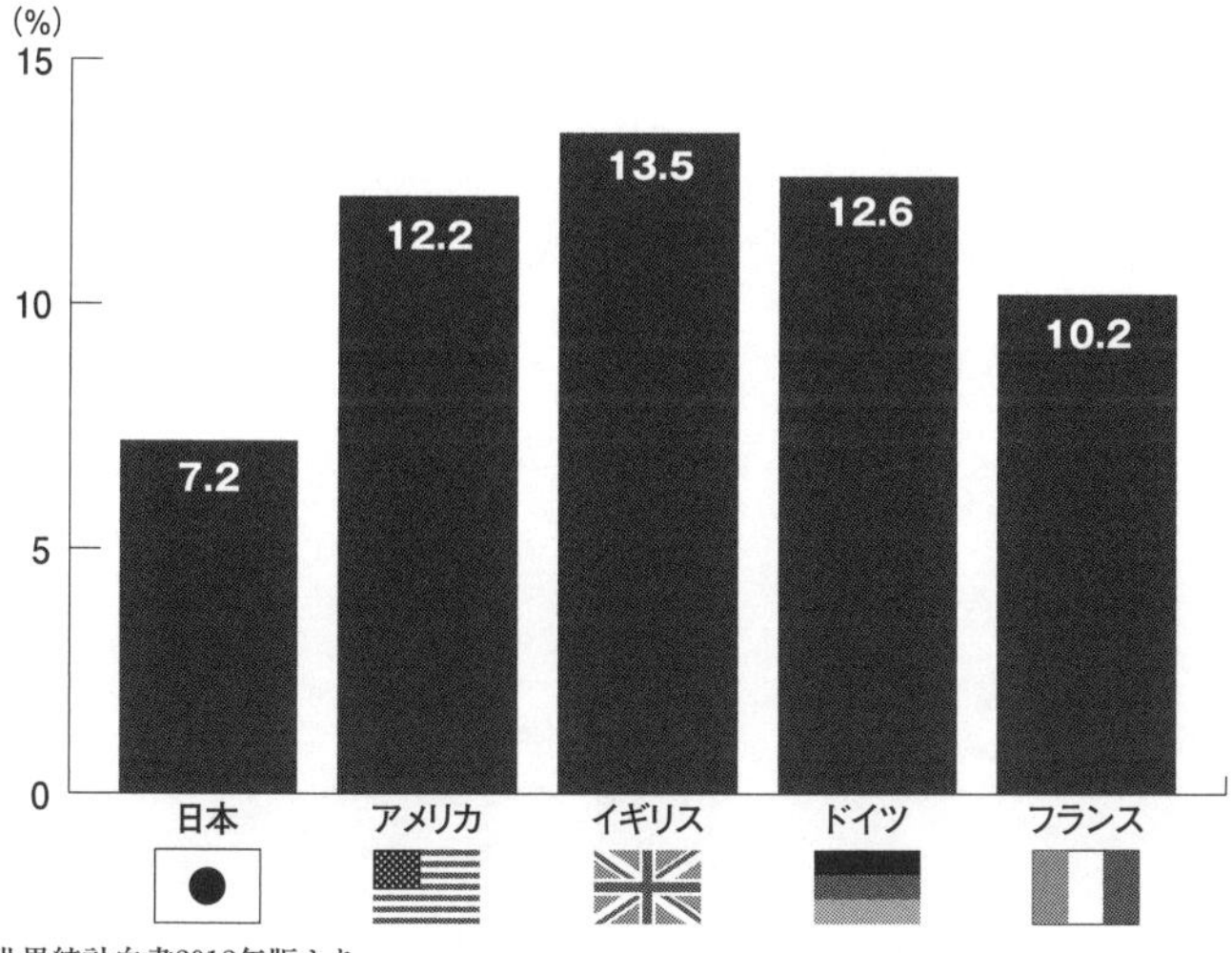

世界統計白書2012年版より

105ページの表のように、先進国の中で日本の個人所得税の負担率は最低である。しかも、他の国よりも一段も二段も低い。

なぜ日本の税収はここまで低いのか？

実は日本の税制には、**大きな穴**がいくつも開いているのだ。

抜け穴だらけの日本の税金

所得税というのは、その大半を実は高額所得者が負担しているものである。先進国では、どこもそういう仕組みになっている。たとえばアメリカでは、高額所得上位10％の人が税収の70％を負担している。他の先進諸国もだいたい似たような数値になっている。

しかし日本の上位10％の人は60％しか負担していない。

これは、どういうことを指しているのか？

実は、日本の税制には抜け穴が非常に多いのだ。それも高額所得者の税金に、である。

たとえば配当所得。現在、配当所得は証券優遇制度のために、どんなに収入があっても所得税、住民税合わせて一律20％でいいことになっている。

住民税は誰でも一律10％課せられているのだから、配当所得の所得税率は10％ということである。所得税率が10％というのは、年収300～400万円程度のサラリーマンと同じ程度の税率なのである。

株式の配当で何億、何十億もらっても、年収300～400万円程度のサラリーマンと同じ税金で済んでいるのである。先進諸国も株の配当に関しては優遇しているが、ここまで優遇しているのは日本くらいしか見当たらない。

また金持ちの代表的な職業に開業医があるが、この開業医にも税制上の優遇処置がある。開業医は、社会保険診療報酬の72％を経費として認められている（社会保険料報酬が2500万円未満の場合）。

本来、事業者は（開業医も事業者に含まれる）、事業で得た収入から経費を差し引きその残額に課税される。しかし開業医の場合は、実際の経費が多かろうと少なかろうと、無条件に売り上げの72％が経費として認められるのだ。段階的に縮小されているが、現在もこの制度は残っている。

また開業医は、普通の事業者ならば払わなければならない事業税も免除されている。収入が多い上に税金が優遇されているのだから、金持ちになるはずである。

大企業も税金を払っていない

税金をまともに払っていないのは、高額所得者だけではない。

大企業もそうである。

こういうことを言うと、

「日本企業は世界でも有数の高い法人税を課せられている」

と反論する人もいるだろう。

しかし、これも事実とは異なる。

日本の高額所得者の税金は抜け穴がたくさんあり、結果的に低率の税金しか払っていないことを前述したが、それと同じことが大企業にも言えるのだ。

109ページの図の主要企業の税負担率を見てほしい。

丸紅などはなんと0・2%しか負担していないのである。

なぜこのようなことになっているかというと、理由はいくつかある。

まず一つは、輸出企業の税金は非常に優遇されており、抜け穴が多いのである。

大手輸出企業はたいがい現地法人をつくり、現地での製造、販売などはその現地法人が行う形式になっている。日本企業は現地法人の株を持っており、現地法人は日本企業の事実上の子会社である。

そして日本企業が輸出で稼いだ金は日本企業に直接送られるのではなく、現地法人の利益として計上される。日本企業は現地法人から配当をもらう形で収益を上げるのである。

この現地法人からの配当所得には税金は課せられない。だから輸出して稼げば稼ぐだけ、税金は安くなるのである。

というより工場や会社を国外に移転し、司令部として本社だけを残すのが、企業に

■日本の主要企業の実質的な税負担率

企業名	税引き前の利益（億円）	負担する税（億円）	負担率
丸紅	3665	7	0.2%
三井住友建設	1805	5	0.3%
伊藤忠商事	7838	187	2.4%
東芝テック	475	20	4.2%
三井物産	10785	683	6.3%
三菱商事	22224	2272	10.2%
トヨタ自動車	51783	13492	26.1%
いすゞ自動車	3496	378	10.8%
本田技研工業	15686	3573	22.8%
利益上位100社	700677	216974	31.0%

とって税制上もっとも有利となる。

そのため近年は本社だけが日本で、世界中に現地法人、工場を持つ企業が増えた。日本企業を海外に移転させているのは、この税制のためだと言ってもいいのである。

大企業の税金の抜け穴「租税特別措置法」とは？

大企業の税金の抜け穴は、ほかにもある。

よく言われるのが、「租税特別措置法」である。

租税特別措置法とはいかめしい名称だけれども、要は「特定の人（企業）の税金を安くしてあげましょう」という制度である。

いわば、国が定めた税金の抜け穴といえる。

日本の大企業は名目上の税率は高いけれども、この租税特別措置法があるので、実質的な税負担が低くなっている。

この租税特別措置法の代表的なものが「試験研究費の特例」である。

「試験研究費の特例」は２００３年に導入されたもので、試験研究をした企業はその費用の10％分の税金を削減する制度である。

限度額はその会社の法人税額の20％（平成25～27年までは30％）である。

「試験研究のために金を使った企業を減税するのはいいことじゃないか！」

と思った人もいるだろう。

しかし、そこが日本国民のお人好しすぎる部分なのである。

政治家や財界はそんなに良い人ではない。国民が思っているより、ずっと**ずる賢い**のである。

世間的にはあまり知られていないが、この試験研究費減税は大企業に大きなメリットがあった。

というのも、大企業は大概試験研究費を多く支出しているものである。また減税の対象となる試験研究費の範囲は非常に広いものだったので、大企業のほとんどは、この試験研究費減税を限度額ギリギリまで受けることができたのだ。

試験研究費の限度額は法人税額の20％。だから限度額ギリギリまで試験研究費減税を受けることは事実上、法人税が20％下げられたのと同じなのである。

つまり「試験研究費の特例」とは名ばかりであり、事実上の「大企業の20％減税」にすぎなかったのだ。

しかし大企業を20%もストレートに減税するとなると国民の反発は大きい。だから国民に気付かれないように「試験研究費」という隠れ蓑をつくって、減税を行ったのである。

また日本企業の場合、西欧諸国に比べて社会保険料負担率が非常に低い。

西欧諸国は法人税負担は低いけれど、社会保険料負担率は高いのだ。

若干、古いデータになるが、2003年の税と社会保険料負担を西欧諸国で比較してみると、フランス14・0%、ドイツ9・1%に対し、日本は7・6%である。イギリスは6・3%、アメリカは5・6%である。

これを見ると、日本の会社の税・社会保障負担率はフランスやドイツと比べるとはるかに低いことがわかる。また現在の日本ではこのときより法人税はさらに下げられているので、負担率はさらに下がっている。それを考えれば、イギリス、アメリカとほぼ同程度だといえる。

企業にとって、法人税も社会保険料も公益のための支出であり、広い意味での税金である。国際間の企業分析をする場合も、税金と社会保険料はセットで扱われる。だから企業の税負担を論じるならば、法人税と社会保険料を合わせた負担率を検討しなければならないはずだ。

それをやった場合は、日本の企業の負担率は主要国の中で決して高いほうではない。中くらいなのである。

消費税では日本は救えない

所得税や法人税などできちんと税収を確保できない日本は今後、消費税中心の税制に変革し、財政再建や少子高齢化問題に解決を図ろうとしている。

「消費税を増税すれば、財政は再建できる」

「早く消費税をヨーロッパ並みの税率にすべき」

と考えている人も多いだろう。

「政府通貨や無税国債など実施しなくても、消費税を上げれば済む話ではないか」と。

しかし、それは大きな勘違いなのである。

消費税というのは、実は非常に欠陥の大きい税金なのである。

消費税に頼った財政運営を行おうとすると、必ず日本は破綻する。

まず消費税を上げれば、必ず景気は後退する。

消費税の導入時（3％）、1回目の増税時（5％）、2回目の増税時（8％）いずれも、景気は後退している。というよりバブル崩壊以降の日本の長い低迷の要因の一つが消費税とさえ言えるのだ。

そして消費税を上げれば、格差が拡大するのである。詳しくは後ほど述べるが、消費税というのは収入に対する税負担は貧困者ほど大きくなる。つまり貧困者ほど受ける打撃が大きいのである。

これは理屈から言ってもそうだし、データとしても明確に表れている。

税金を専門にしている経済学者の多くは、消費税の増税に反対しているのである。

消費税の導入を主張してきたのは、税金をあまり専門にしてきていない人たちなのである。彼らは単に「ヨーロッパの付加価値税は高い」ということだけを理由にして、消費税の導入を主張してきたのだ。

しかし日本の消費税とヨーロッパの付加価値税はその性質は全然、違う。

また日本には、消費税がなじまない特殊な理由もある。

その点をまったく無視して、消費税を無理やり導入し、税率アップをしてきたのである。

そのため日本は深刻な低迷にあえいでいるのだ。

日本の消費税は決して安くはない

「ヨーロッパの付加価値税はもっと高い」

「だから日本の消費税はもっと上げていい」

消費税推進論者の言い分の主なものは、これである。

しかし、この主張は実はまったく理にかなっていないのである。

ヨーロッパと日本では、経済状況がまったく違う。またヨーロッパの付加価値税と日本の消費税は、似て非なるものである。

それを順に説明していきたい。

「日本の消費税は先進国に比べれば安い」

というのは、実は大きな誤解である。

確かに名目の税率だけを見れば、日本の消費税は先進国に比べれば安い。

しかし実質的な負担を見れば、日本の消費税はむしろ世界一高いとさえ言えるのだ。

消費税の負担感というのは、表面上の税率だけで語ることはできないのである。

消費税とは、モノの値段に税金を上乗せする税金である。

消費税の最大の欠点は、モノの値段が上がることだ。それが一番、我々の生活に直結することである。もし消費税を上げても、モノの値段が変わらないのだったら、消費税なんていくら上げてもいい。つまり消費税とは、「国民がモノの高さを我慢することによって、間接的に税負担をする」という税金なのだ。

となると、消費税は物価との関係をセットで考えなくてはならない。

もし物価がものすごく低い国だったら、消費税を多少上げても、国民の生活にはそれほど影響はしない。

でも物価がものすごく高い国だったら、消費税を上げたならば、たちまち国民生活に影響する。

では日本は物価が高いだろうか、低いだろうか？

117ページの表を見てほしい。

日本は、実は世界一物価が高い国なのである。

■世界の物価ランキング

順位					都市名	国名
2012年	2011年	2010年	2009年	2008年		
1	2	2	1	2	東京	日本
2	1	1	-	-	ルアンダ	アンゴラ
3	6	6	2	11	大阪	日本
4	4	4	3	1	モスクワ	ロシア
5	5	5	4	8	ジュネーヴ	スイス
6	7	8	6	9	チューリッヒ	スイス
6	8	11	10	13	シンガポール	シンガポール
8	3	-	-	-	ンジャメナ	チャド
9	9	8	5	6	香港	香港
10	11	8	-	-	名古屋	日本
11	14	24	-	15	シドニー	オーストラリア
12	10	21	-	25	サンパウロ	ブラジル
13	12	29	-	31	リオデジャネイロ	ブラジル
14	16	22	-	-	ベルン	スイス
15	21	33	-	36	メルボルン	オーストラリア
16	21	25	12	24	上海	中国
17	20	16	9	20	北京	中国
18	15	11	14	4	オスロ	ノルウェー
19	30	-	-	53	パース	オーストラリア
20	12	7	-	-	リーブルヴィル	ガボン

Worldwide Cost of Living Survey 2012 - city rankingより

東京の次に物価が高いのはルアンダである。ルアンダは内戦が続いてきた都市だ。内戦で流通がマヒし、物資が不足しているから、物価が高い。内戦がずっと続いているような国よりも、日本の物価は高いのだ。

日本はデフレで物価が下がっているといっても、そもそもの物価が非常に高いのである。この物価の高さを考慮しなければ、消費税のことは論じられないのだ。

ヨーロッパの先進国は間接税の税率は確かに高いけれど、物価は日本より安いのだ。だから間接税の負担感というのは、日本より小さいのである。逆に今の日本の生活は、世界最高の間接税を払っているのと同じ負担感だと言えるのだ。つまり日本の消費税は実質的には世界一高いのである。

しかし今の消費税の議論では、全体の物価の負担感はまったく比較せずに、単に「消費税の税率」だけを比較して「日本は間接税の負担が少ない」などと言っているわけである。消費税増税論がいかに根拠の薄い表面上だけのものであるか、これで理解していただけたのではないだろうか。

消費税を上げれば、消費が冷え込む。消費が冷え込めば、景気が落ち込む。消費税の導入以来、ずっとその悪循環の繰り返しである。

消費税は格差を拡大させる

消費税の欠陥は、なんと言っても低所得者ほど負担が大きくなる点である。

「いや、消費税の税率は同じなのだから、負担感はみな同じじゃないか?」

と思う人もいるだろう。

しかし、それは大きな誤解である。

確かに税率はみな同じである。しかしその人の収入に対する負担率は、その人の収入によって違ってくる。そして消費税は低所得者ほど、負担率が上がる税金なのである。

たとえば、年収が1億円の人がいたとする。

この人の消費が2000万円だったとしよう。2000万円でも、普通の人に比べれば相当贅沢な暮らしができるはずだ。残りの8000万円は貯金したり、投資に回したりするわけだ。すると、この人が払っている消費税は2000万円×8%で160万円である。

1億円の収入があって、支払っている消費税は160万円。つまり、この人の収入に対して負担している消費税の割合は1億円分の160万円、1・6%ということになる。

また一方、年収２００万円の人がいたとする。年収２００万円の場合、貯金する余裕はないので、収入のほとんどが消費に向かうはずだ。だから消費額は２００万円となる。となると、この人が収入に対して負担している消費税の割合は８％になる。

年収1億円の人の税負担が１・６％で、年収２００万円の人の税負担が８％。収入が低いほど、負担が大きくなるのだ。

これを所得税に置き換えてみれば、異常さがわかるはずだ。

もし億万長者の所得税を１・６％にして、貧困層の所得税を８％にするとしよう。そうすれば国民は大反発をし、こんな税は絶対に通らない。もしこれを実施すれば、史上最悪の税金として歴史に刻まれるはずだ。

しかしこれと実質的にはまったく同じことをしているのが、日本の消費税なのである。

消費税を導入すれば格差が拡大することは理屈でも言えることだし、データにも明確に表れている。

日本に格差社会などという言葉が流行したのは、２０００年代からである。つまり消費税の導入と増税の影響が深刻に出始めたころから、格差社会が世間に認識されるようになったのだ。消費税がいかに欠陥税であるか、ということである。

日本の消費税とヨーロッパの付加価値税は全然違う

日本の消費税とヨーロッパの付加価値税では、その内容も実はかなり違う。

ヨーロッパの付加価値税のほとんどは生活必需品などには税率が低く設定されている。

それはもちろん生活必需品の税率を低くすることで、低所得者の負担を抑えようという配慮である。だからヨーロッパの付加価値税には、いくつもの税率段階があるのがほとんどである。

米《こめ》にもダイヤモンドにも同じ税率を課すという雑な制度となっているのは、日本だけなのである。

日本にも生活必需品には税率を低くする「軽減税率」の議論もあった。というより、はじめは「軽減税率」の導入と消費税の増税はセットだったはずだ。軽減税率を行わない限り、消費税の増税は行われない前提になっていたはずだ。しかし軽減税率については申し送り事項となり、増税だけが早々に実施されてしまったのである。

実は生活必需品の税率を下げる「軽減税率」を実行するには、非常に政治力を要するものなのである。

というのも、生活必需品を下げると、いろんな業界の人たちが「自分たちの商品は軽減税率にしてくれ」と陳情してくるからである。政治家としてはそういう声を抑え、本当に必要な生活必需品だけをえり分けなければならない。

しかし各業界にどっぷり浸かっている今の日本の政治家には、それができない。だから「一律ならば文句はないだろう」ということで、米とダイヤモンドが同じ税率というむちゃくちゃなことになっているのだ。

しかも日本とヨーロッパの違いは、これだけではない。

ヨーロッパの多くは、日本よりもはるかに充実した社会保障制度を持っている。日本人は日本の社会保障制度は充実していると思っているようだが、それは大きな誤解である。日本の社会保障制度は、先進国とは言えないようなお粗末なものなのである（詳細は後述）。

消費税が貧困層に打撃を与える税金であることは前述したが、ヨーロッパ諸国は貧困層に手厚い配慮をした上で付加価値税を課しているのである。

生活必需品への配慮もせず、社会保障もおざなりのままで消費税だけを導入する。そうすれば、格差社会ができるのは当たり前なのである。

このまま消費税の税率を上げ続ければ、日本は**もっともっと深刻な格差社会**になってしまう。

なにより消費税の税収を冷静に見てほしい。

消費税の税収は、８％にしたところで15兆円程度にしかならないのである。国の借金や少子高齢化問題を解決するには、その程度ではまったく不足である。消費税を税制の中心に据えようとすれば、30％くらいの税率にしなければならないのである。そんなことをすれば、**日本は本当に終わり**である。

景気はどん底まで落ち、目も当てられないほどの格差が広がり、地獄のような社会になるだろう。

なぜ金持ちから税を取るのは難しいか？

税金には税収を確保する役割とともに、「所得の再分配」という役割がある。

高額所得者から税金を取り、それを低所得者に分配する機能である。これにより行きすぎた貧富の差を解消し、社会の安定を図ろうという主旨である。

しかし現在の日本の税制は、この逆を行っている。

消費税で低所得者により多くの負担を押し付け、高額所得者の負担はどんどん軽くしている。

なぜ日本は、高額所得者にしっかり税金をかけることができないのか?

高額所得者は税金について非常によく研究しており、圧力団体などを使って政治に働きかけるからである。前述した開業医の優遇税制は、日本最強の圧力団体**「日本医師会」**によって維持されてきたものである。

また配当に関する優遇税制にしてもそうである。

これは財界や金融業界などが「配当所得の税金を安くしろ」と散々政治家に言ってきたからである。

金持ちは、税金について非常によく知っている。一般国民の何十倍も研究しているのである。

しかも日本の場合、財界や圧力団体と政治との結びつきが強い。政治家は彼らの圧力に屈しきれず、受け入れてしまうことになるのだ。

また今の日本には、「金持ちに課税すれば、金持ちが海外に逃げる」というイメージが定着しつつある。これは、しかし、**事実ではない**。一部の富裕層が海外に移住していることは見られるが、数としては取るに足らない。

そもそも海外には、日本語圏の地域はほとんどない。ブラジルなどにリトルトーキョーなどが一部見られる程度であり、それも日本語を話せる人はどんどん減っている。日本語が普通に通じる地域など海外には皆無だろう。

欧米の国々のように自国の母国語圏が海外に数多く点在するわけではないので、日本人にとっては日本以外ではなかなか住みづらいのである。

また日本の富裕層のほとんどは日本で収入を得ているのだから、海外に出ていくことは、非常に難しいのである。

だから、日本の富裕層にもっと税金を課していいはずなのだ。

しかし日本の場合は、政治のしがらみなどでなかなか彼らに税金を課すことはできない。

だから彼らがあまり抵抗することなく、税金を取る方法を見つけ出さなくてはならないのである。

その方法として、政府通貨の発行があるのだ。

いい税金の条件とは？

ところで国家や国民にとっていい税金とは、どういう税金かご存知だろうか？

いい税金の条件は、主に次の4つだといえる。

1　国民の負担感が少ないこと

2　税金の徴収が容易なこと

3　多くの税収が見込めること

4　所得の再分配（格差解消）の機能があること

1から4を順に説明していきたい。

1の「国民の負担感が少ないこと」は、すぐにご理解いただけると思う。国民の負担感が大きければ、国民は不満を抱くし、経済の活性化を阻害することにもなる。

2の「税金の徴収が容易なこと」というのは、一般の人には少しわかりにくいかもしれないが、これも重要なことである。税金をかけてもその徴収に手間や費用がかかるのであれば、税としての価値はない。たとえば、**消費税などは未納率が非常に高い**。未納率が高いということは税務署員の人件費も高くつくし、税収も計算通りにいかない。そういう税金は、あまりよくないといえる。

3の「多くの税収が見込めること」も、すぐにご理解いただけるはずである。国家としては税収が多いに越したことはないからだ。

4の「所得の再分配（格差解消）の機能があること」とは前述したように、税金には税収としての意味のほかに、所得の再分配の機能がある。所得の再分配を簡単に言えば、金持ちのお金を貧しい人に移すということである。そうすることで経済社会のひずみを修正し、社会の安定をもたらすのである。

だから所得税などは、高額所得者ほど税率が高く設定されているのだ。しかし消費税などは低所得者ほど収入に対する負担率が高くなるので、この機能をまったく果たしていない。

そして実は政府通貨の発行というのは、この4つの条件をすべて満たしている〝理想的な税金〟なのだ。

政府通貨は理想の税金

政府通貨の発行が、いい税金の条件をすべて満たしていることを具体的に説明していきたい。

1の条件である「国民の負担感が少ないこと」は、政府通貨は国民が自分の収入や資産から支払うものではないので、負担感はほぼゼロといえる。だから、この条件においては最高値の〝税金〟なのである。

2の条件である「税金の徴収が容易なこと」についても、政府通貨は発行さえすれば税金としての機能を果たすのだから、誰かから徴収する必要もなければ未納になる恐れもない。徴税費用としては発行費用のみであり、税務署員の手間もいらないし、納税者が申告をする労力もいらない。この条件においても満点だといえる。

3の「多くの税収が見込めること」についても、政府通貨は所得税、法人税、消費税、相続税を合わせた額の税収が簡単に確保できるのだから、最高値といえる。

4の「所得の再分配の機能」については、少しわかりにくいので、若干の説明を要する。

政府通貨は、実は所得の再分配の機能も十分に備えているのである。

政府通貨を発行し、税金を取らなくなれば、金持ちや企業はどんどん富んでいき、格差社会はまた広がるのではないかと懸念する人もいるかもしれない。

しかし、それは**杞憂**なのだ。

というのも政府通貨の発行は、間接的に金持ちから税を取るのと同じでもあるからだ。

政府通貨を発行すれば、市中に出回るお金の量が増える。国が持っている富の総量は変わらず、お金の流通量だけが増えれば、お金の価値が下がる。

お金の価値が下がれば、お金をたくさん持っていたものほど損をすることになる。

だから政府通貨を発行すれば、お金をたくさん持っている者から間接的に税金を取るのと同じなのである。

政府通貨を発行し、それを社会保障として貧困層に手当をすれば、完全に所得の再分配の機能を果たすのである。

この条件においても、**政府通貨は満点だ**といえる。

政府通貨は究極の税金

これまでの税金とは、国民の収入や資産を削って国に納付するものだった。

しかし政府通貨は「お金の価値を減らす」ことで、国民が税を負担するということである。究極の間接税だ。

しかもこの間接税は金持ちの負担のほうが大きいので、所得の再分配の機能も果たす。

そしてこの政府通貨で金持ちが文句を言うかというと、決してそうはならない。

金持ちは自分の資産が目減りすることには神経をとがらせるが、お金の価値の上下はあまり気にしない。彼らは「お金」も「物」も持っているので、お金の価値が下がれば物の価値があがるので、あまり損をしないのである。

そして、彼らは景気がよくなることは非常に歓迎する。

日銀の異次元金融緩和を、投資家や金持ちたちは大歓迎したはずである。

日銀の異次元金融緩和は日銀が金融商品を購入することで、社会のお金の流通量を増やす金融政策である。国全体の富が増えていないのにお金の流通量だけが増えれば、総体的にお金の価値は下がる。だから本来はお金をたくさん持っていた人ほど、損をしたはずである。

しかし投資家や金持ちは、日銀の異次元金融緩和を大歓迎した。それは「株価が上がる可能性があること」「景気がよくなる可能性があること」が要因である。

そして金融緩和をしたところで、金持ちの資産価値にそう影響はないことを知っているからである。

だから政府通貨を発行しても、自分の税金がゼロになり、景気もよくなるとなれば反対する者はいない。

誰も損をしない、みんなが**W-I-N-W-I-Nの関係**になれる税金なのである。

一部の税は残しておいたほうがいい

無税国家をつくるといっても、すべての税を廃止するのは現実的ではない。

政府通貨は、いわば**経済のアクセル**の役目である。

政府通貨を発行すればするほど、世の中に回るお金は増え、景気はよくなる。しかし、世の中のお金がだぶついてインフレが度をすぎそうになったとき、世の中のお金を回収するシステムが必要となる。

つまり、**ブレーキをつくっておいたほうがいい**。

政府通貨の発行の増減だけでアクセル、ブレーキの役割を果たすこともできないではない。しかし政府通貨の額は歳出と直結しているので、急に増減はできない。

なのでいきなりブレーキをかけなくてもいいように、あらかじめだぶついたお金を回収する仕組みをつくっておくのである。

所得税、消費税、法人税のような主要な税金は廃止ではなく、「課税停止」にしておくべきだろう。

「課税停止」とは本来は課税されることになっているけれど、現在は「特別に課税が停止されている」という状態である。

万が一、政府通貨の導入が失敗したときに、すぐに戻せるためである。税金というのはいったん廃止すると再度つくるのに、なかなか面倒な手続きが必要となるからだ。

そして法人税、所得税、消費税などの主要税目以外の税金、たとえば「酒税」や「たばこ税」などはそのまま残しておくべきだろう。

政府通貨という一つだけの仕組みに依存すると、もしその仕組みが機能しなくなった場合に、すべての機能が停止してしまうかもしれないからである。

また政府通貨の導入に関しては、いきなり多額の紙幣を発行するのではなく、段階的に増量していくべきだ。

そしてインフレや経済情勢の反応を見ながら、増量していくのである。

法人税は先進国最低レベルに

特に法人税は、残しておくべきである。

なぜなら法人税をゼロにすると、日本が**タックスヘイブン**になってしまうからだ。

タックスヘイブンとは、税金のほとんどかからない地域のことである。海外の企業を誘致するために南太平洋、ケイマン諸島などの小国が税金を極端に安くしたのが始まりである。現在ではさまざまな国がタックスヘイブン化している。

先進国は今、このタックスヘイブンに悩まされている。

自国の企業がタックスヘイブンに移り、税収が得られなくなっているからだ。

先進国はこのタックスヘイブン問題に対して「書類上の本籍地だけを移しても認めない」などの対策をたてて、どうにかして税収減を防ごうとしている。そして先進国は協力して、タックスヘイブン問題に対処しようとしている。

日本ももちろんその一員である。

もし日本がタックスヘイブン化してしまえば、先進国から総反発を食らうかもしれない。だから法人税は先進国として最低レベルに引き下げることに、とどめておくべきなのである。

その代わり、社会保険料などを引き下げればいいのだ。法人税を下げても、雇用増や賃金増には直接つながらない。

しかも社会保険料を引き下げれば、雇用増や賃金増に直接つながる。雇用増や賃金増になれば、消費も増え、景気もよくなる。

だから法人税をゼロにする代わりに、社会保険料を減らせば雇用情勢も好転し、景気もよくなるのである。

第5章

〝経済成長〟よりも〝経済循環〟を

政府通貨の支出は「社会保障」「公務員人件費」「防衛費」に限るべし

政府通貨の発行に際し、もっとも気をつけなくてはならないのが、政治による「浪費」である。

政府通貨を導入して財政再建を果たした場合、これまで過重な負担となっていた赤字国債の問題が一気に解決する可能性もある。それにより財政的に余裕ができたような錯覚に陥ってしまうかもしれない。

そして一部の愚かな政治家たちがこぞって公共事業などの増大を主張し、予算は膨張してしまう。

そうなれば、せっかく財政再建を果たしても**元の木阿弥**である。

これからの日本は深刻な少子高齢化を迎えるし、公的年金など社会保障システム自体がまったく不十分である。

また今後は環境問題関係でも、多額のお金が必要となるはずだ。無駄な税金の支出は一銭たりとも出せない状況なのである。

とくに政府通貨の場合、**税金の無駄遣い**は厳しく防がなければならない。

〝新しい財源〟で気が大きくなった政治家や官僚たちがこぞって予算を増大させれば、今度こそ日本は本当に破綻してしまう。

それは絶対に防がなければならないのだ。

しかし今の日本の政治システムのままでいけば、確実にまた税金の無駄遣いが激増するはずである。

政府通貨の発行が成功すれば、大きな利権が発生する。

その利権に群がってくる者が大勢出てくるはずである。

もし90年代の狂乱的な公共事業のような使い方をするならば、日本経済は本当に死んでしまう。そうなるなら、政府通貨など発行しないほうが全然マシということになる。

そういう政府通貨の弊害を防ぐために政府通貨の発行に関して、厳重な制約を設ける必要がある。

そのときに第一に掲げなくてはならないのは、政府通貨の発行は**公共事業に使ってはならない**という取り決めである。

なぜなら現在の国会議員は、地元に利益を誘導して支持を得てきている者が多数いる。

彼らは必ず利益誘導のために公共事業を行おうとする。これを許していれば、せっかくの政府通貨が台無しになり、また濫発《らんぱつ》の恐れもでてくる。

だから政府通貨の使途は、ひも付きで厳格に定められておくべきである。

具体的に言えば、

- **社会保障**
- **国家公務員の給与**
- **防衛費**

などにしておくべきである。

この三つで国家予算の大半は占めるはずなので、国家予算の多くを政府通貨でまかなうという目的は達せられるはずだ。

公共事業については、政府通貨からの支出は一切行わない。公共事業は酒税、たばこ税などを残しておいて、それを財源に充てるべきである。

政府通貨はやろうと思えば際限なく発行できるものだから、いったん公共事業に手を出せば、とんでもないことになる。

景気対策費は必要ない

今まで莫大なお金を使ってきた**「景気対策のための費用」**は、もうほとんど必要ない。

というのも、所得税、消費税、法人税、相続税が事実上なくなるのである。これは約40兆円の超大減税であり、つまりは約40兆円の景気対策費を支出したのと同じである。景気対策は、もうこれで十分だ。

これだけの大恩恵を企業や個人にもたらせば、可能性のある事業は必ず伸びてくるはず。逆に言えば、これだけの大恩恵をもたらしても、まだ伸びてこない事業、衰退している産業というのは何かを与えたところで、伸びてくることはないのだ。

これまで政府の支出してきた「景気対策費」は、非常に無駄が多いものだった。

これも国会議員の地元への利益誘導が非常に多かったからだ。この支出にも、我々は厳しく目を光らせておかなければならない。

たとえば消費税の導入にともない、政府は景気の腰折れを防ぐために、平成26年度の予算案では**5・5兆円の経済対策費**を計上している。

消費税の増税で増える税収は、4兆7000億円程度である。ということは、増収以上に金を使っているわけだ。

消費税の増税で景気が悪くなりそうだからといって増収分以上の景気対策をするなど、こんな本末転倒な話はなく、笑い話にもならない。

しかも、この経済対策費の多くは公共事業費である。

「景気が悪くなったら公共事業を行えばいい」

というのは、非常に安易で愚かな発想である。

バブル崩壊以降の日本では、景気対策のためと称して狂ったように公共事業を行った。その結果、日本がどうなったのか、政治家や官僚たちは覚えていないのだろうか?

たとえば島根県を見れば、公共事業で景気対策をすることが、いかに愚かなことかわかるはずだ。

島根県は、かつて故竹下登元首相や青木幹雄元参議院議員など有力な国会議員を輩出してきた県である。島根県出身の国会議員たちはこぞって島根県に公共事業を誘致し、そのことで自らの政治権力をアピールしてきた。

このため島根県の経済はバブル前後の数十年、公共事業にまったく頼りきった体質になってしまった。県民一人あたりに使われる公共事業費は全国で常時5位以内に入り、北海道や沖縄に匹敵するほどの公共事業を受注してきた。

それほどの税金を使われながら、島根県は数十年の間、人口流出でワースト10に入るほどの過疎県だった。

公共事業は地域の発展にほとんど寄与していなかったのである。

建設業界は大手→下請け→孫請けと、ピラミッド式の組織となっている。もちろん大手がもっとも多く取り、下に行くほど取り分は減る。末端の労働者に届くお金は、わずかなものである。

しかも公共事業の受注は、政治家にコネがあるものや地域の有力者を中心に行われる。県全体が潤うものではなく、特定のものが繰り返し潤うものである。

だから公共事業費は景気を刺激するものでなければ、大きな雇用を生み出すものでもないのだ。

しかし公共事業に依存する体質になってしまうと、常に税金に頼っていかなければならなくなる。つまり真に自立した経済力をもてないのである。

政府通貨を公共事業に使えば、国家は破綻する

筆者は、公共事業がすべて悪だとは言わない。

社会に必要な公共事業は多々存在する。

しかし現在の公共事業システムには、税金の無駄遣いにしかならないような欠陥がある。

なぜなら今の公共事業は政治家の力関係が大きく左右するものであり、本当に必要な公共事業かどうかを精査する仕組みが整っていないからである。

それにしてもなぜ日本の政治家は、公共事業をやりたがるのか？

日本の政治家は、雇用を増やすというと「公共事業」しか思い浮かばないのである。だから雇用対策と称して、莫大な公共事業を計上するのである。

それで経済効果があるのなら、まだ納得できる。

が、まったく効果はなかったのである。

90年代、筆者は木っ端役人として、日本経済の現場を駆けずり回っていた。

そのため無駄な公共事業の弊害については、嫌というほど知っている。

90年代の公共事業の何がまずかったのか、具体的に説明したい。

最初に言えることは、**その額が大きすぎたこと**である。

公共事業を拡大すると、経済のさまざまな面で弊害がでてくる。

というのも、日本経済全体が「公共事業シフト」になってしまうのだ。公共事業に頼り切った体質になってしまうのだ。それは少し長い目で見れば、誰も得をしないのである。

90年代に、日本は10年間で630兆円ものお金を公共事業につぎ込んだ。

1年に63兆円もの公共事業を行うのは、建設業関係者にとっては願ってもない話である。そのため既存の建設業者だけではなく、他の業種からも建設業に大量に参入してきた。

そのためこれまで他の事業をしていた人が、公共事業に参入してくるケースが激増した。民間相手の商売をしていた業者たちが転向するケースも相次いだ。民間を相手に商売するより、公共事業のほうがはるかに簡単にたくさんの収入を得ることができたからだ。

建設業者たちは10年間美味しい生活をした。

10年間も公共事業で生活してきたものは、公共事業がなければやっていけないような体質になっている。地方の工務店などでは売り上げの100%が公共事業、それが何年も続いているようなことがざらにあった。こういう事業者は公共事業がなくなったら、倒産や失業するしかない。

だから建設業界は公共事業を続けてくれるように、必死に働きかけをした。

公共事業関係業者は、仕事を取るために必死に政治献金した。

10年間のうちに政治家とのパイプもできて、政治家にとっても建設業からの献金はすっかり既得権益になっていた。過疎地域なども10年の間に、公共事業が地域の経済基盤になっていたりもした。

しかし国としても、いつまでもそんな多額の公共事業を続けられるものではない。だから2000年代に入って公共事業は減額されたのだ。

その結果、景気は好転しないまま地方は衰退し、国の莫大な借金だけが残されたのである。

だから財源を増やしやすい政府通貨は公共事業に使うことがないように、強く強く定めをつくっておくべきなのだ。

「適正な公共事業」を行えるシステムを

筆者にはゼネコンに勤める親友がおり、たびたび「公共事業の悪口ばかり言うな」と注意されている。

「公共事業は国にとって大事な事業。公共事業がなければインフラは保てず、国土は荒廃する」

もちろん、筆者はそのことは重々承知している。

「公共事業は悪」

などと単純なことは決して思わない。必要な公共事業は行わないと、日本の国土は荒廃してしまうし、土木技術も保てない。

しかし、その「事業の選択」と「事業の量」が問題なのである。

震災の被害などで住む場所にも事欠いている人が大勢いる中で、新たに道路を造る必要があるのか?

まずは、人々の衣食住を満たした上でのことだろう。

なぜ震災被害者のための公営住宅を大々的に建設しようとしないのか？

なぜ道路や橋や公共建築物ばかりに公共事業費が回ってしまうのか？

それは、利権が絡んでいるからである。

建設業者というのは、政治家を強力に指示する母体になっている。支持者を集めるだけではなく、政治資金も提供する。

日本の政治家の半数近くは、建設業者によって食わせてもらっていると言ってもいい。

政治家は公共事業を誘致して建設業者を潤す、建設業者は寄付をして政治家に還元する、こういう食物連鎖が完全にできあがっているのだ。

そもそも一時的に大量の公共事業を行うことは、建設業界にとっても決していいことではない。

というのも一時的に公共事業が増えれば、人件費や材料費が高騰し、儲けが少なくなる。場合によっては赤字覚悟で請け負わざるを得ないこともある。

請け負った仕事をこなすためには、機材の用意など相応の準備をしなくてはならないし、それには金がかかる。

そしてそれなりに金をかけて設備投資などを行っても、公共事業はいつまで続くかわからない。小泉政権や民主党時代のように、急に公共事業が激減することもある。そうなると建設業者たちは一気に体力を奪われて、中小の業者はバタバタと倒れていくのである。

筆者は「公共事業は不要だ」と言っているわけではない。必要な公共事業を、適正な規模でやり続けるべきだと言っているのである。

税金の無駄遣いを監視する特別検査チームを!

政府通貨を発行すれば、税金の使途には今よりさらにさらに厳しい目を注がなくてはならない。なぜなら政府通貨は、税金よりもはるかに容易に調達できる。そのため政治家や官僚は無駄遣いをしやすくなるのだ。

税金の無駄遣いをなくし、必要な支出をきちんと見極める。そのために予算をチェックする強力な第三者機関のようなものをつくるべきだろう。

今の日本の税金の使い道は、複雑に絡み合ってわけがわからなくなっている。これだけ税金の無駄遣いが多発しているのは、税金の使途の全貌を把握している人がほとんどいないからなのである。

各省庁は自分の利益を守ることに窮しており、政治家は選挙民の利益誘導のために予算を奪い合う。さらに地方自治体は少しでも中央から税を引き出そうと、さまざまな方法で補助金を引き出す。

その結果、政府の中枢にいる者でも、税金の全貌を正確に知っている者は、だれもいないのではないかと思われる。

日本は巨額の財政赤字を抱えているが、なぜこんな赤字になっているのか、どことどこに税金が使われているのか、わかっていない状況なのだ。

ちょうど多重債務者が自分が毎月いくら支払いをしているのか正確に把握しておらず、とりあえず次の支払いのことだけしか見えていないのと同じ状況なのである。

この状態を解消するには、大規模な調査団をつくって特別会計検査をするしかないのではないかと思う。

80年代に「土光臨時行政調査会」が存在していた。これは当時の経団連会長だった土光敏夫氏を会長とし、「増税によらない財政再建を果たす」ために設けられた行政調査機関である。

土光敏夫氏率いる臨時行政調査会は当時の行政を徹底的に調査し、無駄を省けば増税しないで財政再建をすることは可能と結論づけた。

この土光臨時行政調査会では国鉄、専売公社、電電公社の民営化を進めるなど、行政の合理化に多大な影響を与えた。しかし土光臨時行政調査会は、提言はできるが権限は持っていなかったので、特殊法人改革などは不十分に終わってしまった。

この土光臨時行政調査会をさらにパワーアップした行政調査機関をつくり、税金の無駄遣いを徹底的に排除するのである。

それをしない限り、国民も納得しないだろう。

座長には財界人を据える

この会計検査機関には超党派で政治家も参加させ、民間企業の経営のプロ、会計士なども参加させる。そして官僚の中からも有志を募って参加させる。

官僚の中にも、「このままじゃ日本の財政は大変なことになる」と思っている者はいるはずだ。そういう官僚をうまく誘い出すのだ（決して官僚の既得権を守るための者が参加しないように)。

また今までも何度かこの手の調査委員会はつくられたが、キャリア官僚の抵抗により骨抜きにされてきた。今回はそういうことのないように、官僚に揺さぶられても動じないほどの権限を与えるべきだろう。

今の行政制度、官僚制度ができて60年以上である。いや、戦前から続いている制度も多いので、100年以上になるかもしれない。

同じ制度を100年も使っていれば、絶対に矛盾や不合理が生じるはずである。

日本は今、大きな岐路に立っている。

高度成長やバブルのような急激な経済成長は、もはやアテにできない。世界でもっとも豊かな国になったのだから、これは仕方ないことでもある。これ以上、世界から富を集めれば、世界中の非難を浴びるだろうから。

経済成長はそれほど伸びない中で、しかも高齢化社会を迎えるのである。日本全体をそのモードに切り替える必要がある。

そのためにも**日本の収支を洗いざらいチェックするべき**なのだ。与野党ともつまらぬ政争をしている場合ではないのだ。

そのためには民主党の「仕分け」のような経理素人の政治家がやっつけ仕事で行うような政治ショーではなく、専門家を集めた本格的なチームをつくり、強力な権限を与えるべきである。

そしてその専門家チームの長には、財界から人材を出してもらう。国の税収を一番多く担っているのは財界なので、彼らの金を有効に使うためにも彼らに責任者を出してもらうのだ。

そもそも税金の無駄遣いがなぜ起きるのかというと、税金は政治家や官僚にとっては、「他人の金」だからである。自分が苦労して稼いだ金じゃないから、扱いがぞんざいになるし、無責任になるのだ。

しかし財界の場合は、個人金融資産や企業の内部留保金を握っている人たちであり、政府通貨発行の信用の胴元ともいえる。必然的に使途には厳しい目が注がれるはずなのだ。

それは財界に対して、日本の財政の歳出歳入の両面において責任を持たせる意味でもある。

財界というのは、国全体の経済を担っているわけである。自分たちの利益を追求するだけではなく、国全体の経済も考えてもらわなければならない。国が衰退することは財界も衰退することになるはずだ。

しかも政治家や役人よりも、彼らのほうがよほど金のありがたみや税金の重さを知っている。だから国家の予算を管理する重要な機関に彼らを据えるのは、非常に大事なことなのだ。

なにしろ80年代の「土光臨時行政調査会」の会長は、経団連会長を務めた土光敏夫氏だったのだ。

企業の利益だけを考えるのではなく、土光氏のように国全体の利益を考えるような財界に戻って欲しい。そういう意味も込め、この会計検査機関の長は財界から出してほしいところである。

少子高齢化問題を解決しなければ何にもならない

政府通貨の発行をして国の財政、金融システムを改善したとしても、それは一時的な問題解決にすぎない。

今の日本は深刻な構造的な問題を多々抱えており、これを改善しない限りは根本的な解決につながらないのである。

まず今の日本がもっとも最初にしなくてはならないのは、**少子高齢化問題**である。

この問題を解決しなければ、いくら政府通貨を発行し、経済を好転させ財政を健全化させたってまったく意味がないとさえいえる。

少子高齢化がこのまま進めば、日本は地獄のような社会になる。これは絶対に食い止めなければならないのだ。

今の日本の少子高齢化は、このままいけば必ず社会が破綻するという状況である。

これは、別に私が得体のしれない独自の情報から勝手に述べていることではない。どんな学者、政治家でも絶対にあらがえない明白なデータから述べていることなのである。

少子高齢化がこのまま進めば、あと20年後くらいには社会システムが正常に機能しなくなるのである。

国立社会保障・人口問題研究所の2014年4月の発表によると、20年後には全世帯の4割以上が高齢者世帯になると予想されている。

ここまで高齢者が増えれば、まず**年金制度は必ず破綻**する。労働力人口などの面から見ても、社会を維持できないレベルにまで落ちてしまう。

これはどんな楽観的な学者でも否定できない事実なはずである。

日本は財政赤字の問題などがよく取りざたされるが、実は少子高齢化の問題のほうがよほど大きな深刻な問題なのである。財政赤字も、それなりに深刻な問題ではある。いや、財政赤字もよその国からみれば、かなり深刻な問題と言える。

しかし今の日本には、それをはるかに超える巨大な問題を抱えているのである。

この少子高齢化問題は南海トラフ地震のように、いつ来るかわからないという不確定な危険ではない。南海トラフ地震の場合は、もしかしたらこの数十年のうちには起きないかもしれない、もしかしたら１００年くらい起きないかもしれない。

しかし少子高齢化は、南海トラフ地震のような不確定な要素はまったくない。このままいけば、必ず日本に襲いかかる問題なのである。

だから政府通貨の発行で財政や経済を立て直した場合、すぐにこの問題に着手しなければならない。無税国家をつくるだけでは、今の日本の抱えている問題は解決しないのである。

というより、無税国家をつくるのは、**問題解決のための手段にすぎない**のである。本当の課題は、それからのことなのである。

非正規雇用の増加が少子化の最大の要因

少子高齢化については、本気で国を挙げて取り組まなくては本当に大変なことになる。これまで政治家や官僚たちは、この問題にまともに取り組んできたとはとても思えない。少子高齢化というのは、つい最近始まったことではない。子供の数が減り始めたのは1981年のことなのである。実に33年も前のことだ。

33年前から、このままいけば日本は少子高齢化になることがわかっていたのだ。33年の間にしっかりとした対策を打てば、相当のことができたはずである。しかし、国はまったく何もやってこなかった。

というより、国はわざわざ少子高齢化が進むようなことばかりをやってきているのだ。少子高齢化は、日本人の晩婚化、非婚化が進んだために起きたと思われがちである。確かに日本人の結婚観が大きく変わり、それが少子化の一因であることは確かである。

しかし、最大の理由は**経済問題**なのだ。

90年代以降、日本では急速に非正規社員が増えた。

これが、少子高齢化を急加速させているのである。

これはデータを見れば、明白である。

男性の場合、正社員の既婚率は約40％だが、非正規社員の既婚率は約10％でしかない。派遣社員の男性のうち、結婚している人が1割しかいない。ということは事実上、派遣社員の男性は結婚できない（しない）ということである。

男性はやはりある程度の安定した収入がなくては結婚ができない。だから派遣社員などでは、なかなか結婚できないのである。

つまり、

「派遣社員が増えれば増えるだけ未婚男性が増え少子化も加速する」

ということである。

これは少し考えれば、誰でもすぐにわかるはずである。

「若い男性の収入が少なくなれば、結婚が減る」

今に始まったことではなく、昔から世界中で起きている現象なのである。

そして、データにも明確に出ていることなのである。

にもかかわらず政府や産業界のリーダーたちは、むしろ非正規社員を増やす方向に国を導いてきた。「国際競争力の向上」を旗印にして企業の業績ばかりを重視し、雇用を極端に軽視してきたのである。

現在、働く人の3人に1人以上が非正規雇用である。

その中で男性は500万人以上もいる。10年前よりも200万人も増加したのだ。つまり、結婚できない男性がこの10年間で200万人増加したようなものである。

現在の日本は、世界に例を見ないようなスピードで少子高齢化が進んでいる。何度も言うが、今のまま少子高齢化が進めば、日本が衰退していくのは目に見えている。どんなに経済成長をしたって、子供の数が減っていけば、国力が減退するのは避けられない。

今の日本にとって経済成長よりもなによりも、少子高齢化を防がなければならないはずだ。

「非正規雇用が増えれば、結婚できない若者が増え、少子高齢化が加速する」

これは理論的にも当然のことであり、データにもはっきり表れていることである。

なのに、なぜ政治家や官僚はまったく何の手も打たないのか？

政府はこの20年ほど企業ばかりを優遇したために、企業ばかりが肥え太り、民族存亡の危機に陥っているのである。

しかも政府や国のリーダーたちは、そのことにまだ気づいていないのだ。船はもう沈みかかっているにもかかわらず。

このままでは将来2000万人近くが生活保護受給者になる

しかも非正規雇用が増えた影響は、「少子高齢化問題」だけにとどまらない。財政問題にも多大な影響を与えるのだ。

というのも、現在の日本では非正規雇用者が1700万人を超えているが、この人たちのほとんどはまともに社会保険に加入していない。だから彼らが高齢者になったとき、ほとんどの人の年金の額は生活保護以下だと見られている。

それどころか、年金自体に加入していない者も多数いる。

一橋大学名誉教授の高山憲之氏の研究によれば、非正規雇用の半数以上は厚生年金に加入していない（週刊ダイヤモンド・2008年10月11日号より）。

厚生年金に加入していなければ、本来ならば国民年金に加入しなければならないのだが、多くはそれもしていないと見られている。

彼らは老後どうやって生活するのか?

普通に考えれば、彼らが自分自身で生活するすべはない。

しかし彼らは日本人だから、もちろん生活保護を受給する権利を持っている。

つまり今後、非正規雇用の人たちが大挙して生活保護受給者になっていくと考えられるのだ。

そうなると、数百万人の単位ではすまない。数千万人レベルで、生活保護受給者が生じる。

国民の20~30%が生活保護という事態もあり得るのだ。

これは決して空想上の話ではない。

データにもはっきり表れていることであり、このまま何もしなければ、必ずそうなるという非常に現実的な話なのだ。最悪の場合はこの1700万人が生活保護を受給することになる。

現状でさえ低所得者層が増え続けている上に、1700万人の新たな生活保護受給者が出現するのだ。このままいけば、おそらく生活保護受給者はそう遠くないうちに1000

万人を突破するだろう。

そして、**20年後には2000万人を突破する可能性**もある。どんな楽観的な経済評論家でも、このデータにあらがうことはできないはずだ。

だから政府通貨の発行で財政と景気を持ち直した瞬間に、この問題に着手するべきである。というより、政府通貨で支出する予算の多くはこの問題の手当に割かれるべきなのである。

デフレの最大の要因は「給料」

非正規雇用の問題もそうだが、近年の日本はあまりに雇用環境を悪化させすぎた。

バブル崩壊後の日本は、「企業の経営を守るため、雇用環境は多少悪化させてもいい」という発想でやってきた。そのために非正規雇用なども激増し、ワーキングプアなども生まれた。

それが実は、**本末転倒**だったのである。

というのもサラリーマンの給料が減ったり、雇用が不安定になるのは、金回りが悪くなり、結果的に不景気をもたらすからである。

近年の日本を悩ませ続けたデフレの最大の要因も、人件費の削減にあると言えるのだ。

お金というのは最終的には企業が設備投資や人件費として支出することで、社会に流れるのである。

逆に言えば、設備投資や人件費が増えなければ、いくら銀行や会社が金を持っていても、それは社会には流れない。

では、人件費つまり給料は近年どういう動きをしていたのか？

162ページの表のように人件費は、バブル崩壊後、下がっているのである。

ピーク時に比べれば、10ポイント以上も下がっている。

民間の設備投資も1997年の78兆円をピークに、現在では10兆円前後も下落している。

これでは社会に金が回らず、デフレになってしまうのは当然だといえる。

給料を上げなければ、社会の金は回らない。それは深く考えるまでもなく、当然の理屈である。

社員は給料で、いろんなものを買ったり、サービスを受けたりする。

つまり、それは次の誰かの収入になるのだ。人件費として支出された金は社員の収入になり、それがまた誰かの収入になる。そうやって、お金は循環していく。

安倍政権になって異例ともいえる「首相から財界への賃上げ要請」があった。

そのため平成26年の春闘では例年よりはいくぶんかの賃上げがあった。しかし、消費税の増税分には程遠いものである。

消費税の増税分よりも賃上げが少なかったということは、サラリーマンの可処分所得が確実に減っているということである。それは間違いなく消費の減少に結びつく。

今の日本は、そうやって経済を鈍化させ続けてきたのである。

政府通貨の発行で大減税を行えば、サ

■この20年に下がり続ける平均賃金の推移

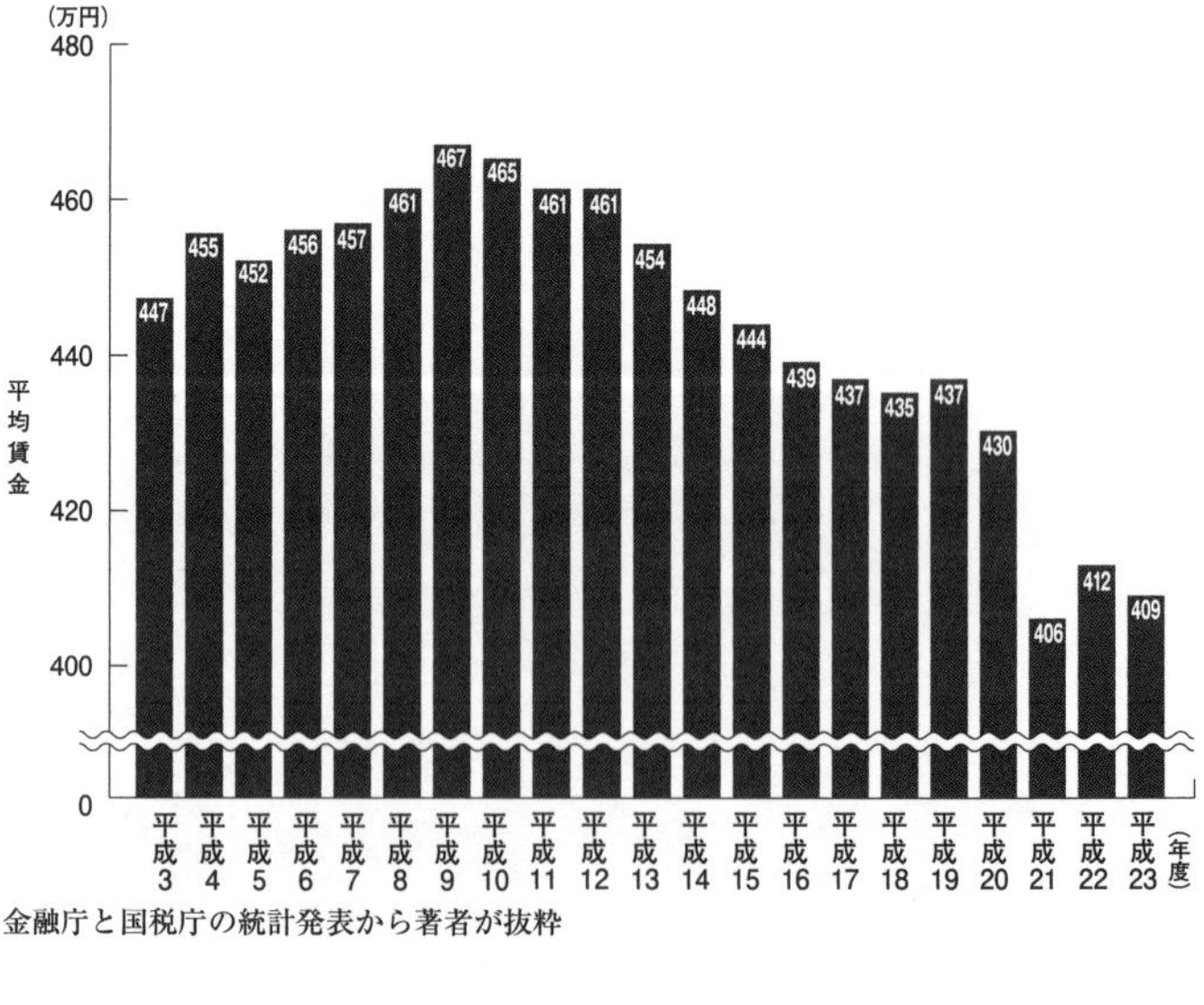

金融庁と国税庁の統計発表から著者が抜粋

ラリーマンの可処分所得は劇的に増加する。

しかし所得税を負担していないような低所得サラリーマンは、あまり恩恵は受けない。年収200万円未満の低所得サラリーマンは、現在1000万人を超えている。彼らは週に48時間働いても、年に200万円の収入も得られないのである。これでは家庭なども持てるものではない。週に48時間きっちり働いて家庭を養うことができない国というのは、先進国ではほとんどない。

なぜこういうことになっているかというと、日本経済全体に、「雇用環境の悪化を許す空気」があるからだ。その空気を変え、「良好な雇用環境こそが経済活性化の源泉」とはっきり認識する必要がある。

彼らの待遇を変えなければ、日本経済の本格的な復活はあり得ないのだ。

そして貧困対策だ

次に日本が取り組まなくてはならないのが**貧困対策**である。

貧困といっても、多くの日本人にはピンと来ないかもしれない。今の貧困は終戦直後のような餓死者が出たり、街に浮浪者があふれるような貧困ではない。

しかし今の日本は、先進国ではあり得ないような深刻な貧困問題があるのだ。

たとえば、大学生の学費ローンである。

昨今たびたび新聞等で指摘されている問題なのだが、現在、90万人以上の大学生が「有利子の奨学金」を受けて学校に通っている。

この「有利子の奨学金」というのは奨学金とは名ばかりで、実際はローンと変わらないのである。どんな状況であろうと必ず返済をしなければならないし、返済しなければ法的処置を講じられる。実質的には**借金と同じ**である。

この「有利子の奨学金」を受けている90万人以上という数字は、大学生の3分の1に近い数字である。

彼らは大学卒業時には数百万円の借金を抱えていることになる。

しかも現在の就職難で、そう簡単には就職できない。なので、就職もできないまま借金だけが残っている卒業生も多々おり、大学の間で大きな問題となっているのだ。


「大学生の3分の1が借金をしないと大学に行けない」


などというのは、一昔前の日本では考えられなかったことである。

40代、50代の人には信じられない話ではないだろうか。

バブル崩壊以前の日本では、有利子の奨学金を受けて大学に行く学生はあまりいなかった。よほど家庭に事情がある学生だけだったのだ。

今の日本は少子化が進んでいて、就学人口も非常に減っている。

その少ないはずの就学世代にさえ、まともに教育を受けさせられていないのである。この国は、もう**崩壊寸前**とさえいえるだろう。

こういう形で今の日本は、みなさんが思っている以上に貧困化が進んでいるのである。

貧困対策は最大の景気刺激策

「貧困対策をすべし」

などと言うと、経済が不活発になるような印象を持たれている人も多い。

「貧困対策をするより、経済対策をするべき」

「経済がよくなれば、貧困もなくなる」

そういう意見の人も多い。

しかし、よく考えていただきたい。

バブル崩壊以降の日本は経済を立て直すべきとして、莫大な公共事業を行ったり、極端な投資優遇政策を行ったりしてきた。

その結果、どうなったか？

「国民の多くが実感できない好景気」

「格差拡大による貧困」

が生じただけではなかったか。

みなさんに認識していただきたいのは、**貧困対策は最大の景気刺激策**だということである。

これは難しい理論は必要なく、単純な数式と明確なデータでわかるのである。

たとえば貧しい人に100円をあげた場合と、金持ちに100円をあげた場合を考えてほしい。

貧しい人はその100円をすぐに消費に回すはずである。貧しい人は欲しいものがたくさんあるからだ。だから、貧しい人に100円あげれば100円の消費が増えるのである。

しかし、金持ちはどうだろう？　金持ちは100円もらっても、他にお金がたくさんあるし、欲しいものはすでに持っている。となれば、100円は貯蓄に回される。金持ちに100円をあげても、消費にはあまり回らないのである。

この数理論は、だれも否定できないはずだ。

「貧しい人が豊かになるとき、経済がもっとも効率的に成長する」ことは、これまでの世界中の国々で証明されていることである。

日本でも高度成長期からバブル期にかけて、経済は急激に成長した。それは金持ちがますます金持ちになるという状況ではなく、多くの貧しい国民が豊かになっていくものだったはずである。

昨今の新興国の経済成長を見てもそうである。スタートが共産主義だった中国やロシアなどは、経済成長することによって貧富の差が拡大する面も見られるが、自由主義国家の多くは貧しい人たちの所得がかさ上げされるときに、急激に経済が成長しているのである。

お粗末な社会保障の整備

そして日本が緊急に取り組まなくてはならないのが、**社会保障制度の充実**である。

今の日本が深刻な貧困問題を抱えているのも、その根本要因は社会保障制度が機能していないからである。

あまり知られていないことだが、日本の社会保障は先進国とは言えないくらいお粗末なモノなのである。

本来、日本は世界有数の金持ち国なのに、社会のセーフティーネットがお粗末なために、**国民は安心して生活ができない**のである。

今の日本人の多くは、「日本は社会保障が充実している」「少なくとも先進国並みの水準にはある」と思っている。

しかし、これは**大きな間違い**なのである。

日本の社会保障費というのは、実は先進国の中では非常に低い。先進国ではあり得ないくらいのレベルなのだ。

この社会保障の異常な低さが、日本経済に大きな歪みを生じさせているのだ。日本人が感じている閉塞感の最大の要因は、この社会保障の低さにあるといってもいいのだ。

いささか古いデータではあるが169ページの表のように、日本の社会保障費は先進国の中で断トツの最低なのである。世界中に軍を派遣しているアメリカ、自

■2003年の主要国の国家予算の目的別の割合（%）

	行政	防衛	治安	経済	環境	住宅	医療	文化	教育	社会保障
日本	9.3	4.8	6.4	12.1	6.5	1.4	36.0	0.4	19.1	**4.0**
アメリカ	9.4	25.0	12.9	11.7	—	0.5	4.6	1.5	29.8	**4.6**
イギリス	6.0	12.4	10.6	6.5	2.5	1.8	30.1	1.9	17.2	**11.0**
フランス	11.3	8.9	4.5	3.5	0.9	4.1	28.9	3.7	21.9	**12.3**
ドイツ	12.4	6.2	8.4	2.1	0.4	1.4	32.8	2.2	18.0	**16.2**

2006年版世界統計年鑑より

由競争のアメリカよりも社会保障費の割合は低いのだ。

また昨今、話題になることが多い生活保護に関しても、日本は先進国で最低レベルなのだ。


生活保護というと、不正受給問題ばかりが取り上げられがちである。そのために、問題の本質が隠されているのだ。実際、日本の生活保護は先進国に比べると驚くほどお粗末なのである。


日本の生活保護支出は、GDP比では0・3%である。イギリス4・1%、フランス2・0%、ドイツ2・0%から比べると、「桁違い」に少ないのだ。

あの自己責任の国アメリカでも3・7%であり、日本はその1割にも満たないのである。

また生活保護受給者の数も圧倒的に少ない。日本の生活保護受給者は国民のわずか0・7%であり、これもアメリカの1割にも満たない。

この事実は、「日本は生活保護の必要が少ない豊かな国」というわけではもちろんない。

日本では生活保護の必要がある人でも、なかなか生活保護を受けることができないのだ。

2007年の厚生労働省の調査では、国民の6~7%は、生活保護水準以下の生活をしていることが判明した。だいたい800万人から900万人である。

しかし生活保護を受けている人は200万人なので、500万人から700万人が生活保護の受給から漏れているのである。

メディアでよく採り上げられる「生活保護の不正受給」の件数は、全国で2万5355件（2010年）である。つまり生活保護には**不正受給の数百倍の「もらい漏れ」**があるのだ。

だから生活保護というのは、「不正受給」よりも、「もらい漏れ」のほうがよほど深刻な問題なのである。

「財政赤字は社会保障が原因」ではない！

「社会保障を充実させると言っても、財源がないじゃないか」

「社会保障増大のために、日本は財政赤字で苦しんでいるんじゃないか」

そう考える人も多いだろう。

しかし、それは根本的な事実を誤解しているといえる。

現在の財政赤字は、「社会保障費の増大が要因」だと政府は喧伝している。

しかし、それは**非常に見え透いた嘘**である。財政赤字の内訳を見れば、その要因は社会保障増大などではなく、税金の無駄遣いなのである。

赤字国債が急増した１９９０年代、社会保障関係費は毎年15兆円前後しかなかったのである。当時の税収は50兆円前後だったので、15兆円程度の社会保障費はまったく問題なくまかなえていたのだ。

また現在の社会保障関係費は、30兆円前後である。これも日本の財政規模から見れば、そう負担になる額ではない。少なくとも８００兆円の財政赤字になる要因では、絶対にないのである。

ではなぜ90年代で、赤字国債が増大したか？

その答えは、公共事業である。

１９９０年代、日本は経済再生のためと称して狂ったように公共事業を行った。その額、６３０兆円である。

１年あたり63兆円である。

このバカ高い公共事業費６３０兆円がそのまま赤字財政となって、今の日本の重石となっているのだ。

この数字を見て、どうやって「赤字国債の原因は社会保障費」などと言えるのか？

財務省の官僚たちに聞いてみたいものである。

なぜこのようなバカげた公共事業を行ったのか？

当時はバブル崩壊直後のことであり、経済対策として巨額の公共事業を行ったのである。

安心して競争できる社会保障制度をつくる

これまで述べてきたように日本の社会保障制度は、先進国とは言えないほどお粗末なものである。

しかし世界経済全体から見れば、日本はこれまで十分に稼いできており、社会保障を充実させ、国民全体が不自由なく暮らすくらいの原資は十二分に持っているのである。

今の日本の問題は**稼いだお金が効果的に使われていない点、お金が必要なところに行きわたっていない点**なのである。

日本は自由主義経済を採っている。

この自由主義経済においては、貧困や失業は必ず生まれるものである。経済を自由にしていれば、その社会が必要とする仕事の量と、その社会に存在する労働者の量が完全に一致するなどということはあり得ない。また、だれにでも必要な富が必ず行き渡るなどということもあり得ない。

経済を自由にしている限り、「貧困」や「失業」は防ぎきれないものだといえる。その「貧困」や「失業」に対して、適切なケアをするということが自由主義経済には求められるのである。

もしこのケアを怠れば社会は不安になり、真に自由な経済活動は難しくなる。

日本は社会保障に関しては明らかに怠ってきたと言わざるを得ない。今、この問題にしっかり対処しておかないと、国の将来に**多大な禍根**を残すことになるのだ。

「高度成長」は持続可能な経済システムではない

バブル崩壊以降、日本が行ってきた経済、財政政策というのは、〝高度成長の再来〟である。

「日本はやればできるんだ！」

「高度成長期のような右肩上がりの経済成長をすれば、すべてが解決する」という発想のもとで、国全体をそういう方向に持っていこうとしてきた。

今の安倍政権にしてもそうである。

安倍首相はことあるごとに「成長戦略」という言葉を掲げ、政権の第一課題として挙げてきた。「経済成長さえすればすべて解決する」という考えである。

しかし、これはまったく**馬鹿な話**である。

冷静に考えてみてもらいたい。

今後、日本経済が高度経済成長のような右肩上がりの経済成長をすることは、絶対にありえないのである。

それは今と昔の経済状況をちょっと分析すれば、すぐにわかるはずである。

現在の日本経済と高度経済成長期では、経済状況がまったく違う。

高度成長期は日本の国民性が経済の需要とぴったりマッチした、稀に見る幸運な時代だったのである。

日本人の特徴である「勤勉さ」「貯蓄性の高さ」などが、ことごとくプラスに作用した。

人件費は欧米に比べればはるかに安く、その割には質の良い製品を大量に生産することができた。それは、新興国が成長するときの共通パターンでもある。

高度経済成長以前、日本経済の規模はそれほど大きくなく、その分だけ伸びシロがあったのだ。

しかし、現在の日本の状況は高度成長期とはまったく違う。

人件費もアジアの新興工業国に比べて著しく高くなっており、輸出の面で非常に不利になっている。

そんな中で、日本経済が急成長する要因がどこにあるというのだ?

マッカーサーは、終戦直後の日本のことをこう評した。

「欧米諸国が40歳の壮年だとすれば、日本は12歳の少年だ」と。

確かに当時の日本は、欧米に比べればいろんな面で遅れており、その分だけ「伸びシロ」があった。しかし、今の日本は決してそうではない。もうほぼ欧米と肩を並べているはずだ。

今の日本に右肩上がりの経済成長を求めるとは、40歳を過ぎた人の身長を伸ばそうとするようなものである。

そんな不可能なことをあてにして経済設計をするから、日本はいつまでたっても閉塞感から抜け出せないのである。

「高度成長は持続可能な経済スキームではない」のである。

もし奇跡的に高度成長期のような経済回復期が来たとして、それは絶対に長続きしない。資本主義経済にとって、もっともいいことは「大量生産」「大量消費」である。

しかし、「大量生産」「大量消費」は、環境に対する負荷が大きい。だから「大量生産」「大量消費」に依存していては、いずれ立ち行かなくなるのである。

現在、人類は環境問題も抱えており、経済の爆発的な成長は受け付けられる状態ではない。資源問題、環境問題の観点からも、これまでのような野放しの大量生産、大量消費は認められないのである。

今の日本に必要なのは、これ以上の「経済成長」ではない。

「今の経済力の中で、国民に安心した生活をもたらすシステムをつくること」

なのである。

日本の経済力は、もう充分に大きい。

1億3000万人の国民が、安心して暮らせるくらいの富は十二分に持っているのだ。

これ以上輸出を増やせば、日本は世界中からバッシングされる

日本の政治家やエコノミストは、「もっと貿易を増やして日本経済を復活させよう」と主張している。しかしこの主張には非常に無理があるし、現実的に言ってそれはあり得ない。

また日本がもし急激な経済成長を遂げ、貿易黒字が爆発的に増えたとしたら、世界中から嫌われるはずである。

何度も触れたが日本は今でも貿易黒字が累積していて、一人あたりの外貨準備高は世界

一なのである。つまりは世界一の貿易黒字国と言っていい。その国がさらに貿易黒字を増やすとなると、世界経済は大きくバランスを失うだろう。

80年代、日本は「黒字が多すぎる」としてアメリカから相当にバッシングされたが、それ以上のバッシングが世界中から巻き起こるはずだ。

日本人は「貿易黒字」はいいことのように考えているが、あまり増えすぎることは日本にとっても世界経済にとっても、いいことではないのだ。

戦前のドイツのハイパーインフレを奇跡的に収束させたことで知られる財政家シャハトは著書の中で次のように述べている。

「一つの国が、長い時間、輸出ばかりを続けることができると思うのは間違いである。他国の商品を買い、自国と同じ程度に発展させなければ、自国だけ経済的発展を持続することは不可能である。国際収支が一時的に出超あるいは入超を示している場合、それは国際信用というトリックが事態を隠蔽し、これを一時的に引き延ばしているに過ぎない」(『防共ナチスの経済政策』H・シャハト著/刀江書院/1939年)

シャハトの言うように、もし日本がこれ以上貿易黒字を増やせば、国際収支の上で迷惑を被る国が多々出てくる。破綻に近い国も出てくるだろう。そういうことになれば、もっとも損をするのは外貨をたくさん持っている日本なのである。

だから「貿易黒字を増やして経済を立て直す」ことは、今の日本にはありえない。

繰り返して言うが、「高度成長期の再来を期待する」という発想は絶対に間違っているし、この発想を変えない限り、日本の閉塞感はぬぐえないし、日本は破綻に向かうのである。

「高度成長をもう一度」という愚かな発想

バブル崩壊以降の日本の経済政策は「高度成長をもう一度」という方向で進められてきた。高度成長期のような爆発的な経済成長を呼び起こせば、今の財政問題、経済問題はすべて解決する、そう考えているのだ。

確かに毎年10％近いような経済成長をもし起こすことができれば、今の財政問題、経済問題のほとんどは解決するだろう。

しかし、これは**愚かな幻想**にすぎない。

考えても見てほしい。

高度成長期と現代では、日本も世界も状況がまったく違う。

1960年代の日本はまだ貧しい時代である。産業設備やインフラもそれほど整っておらず、土地も人件費も安かった。

つまり当時の日本は少年のような状態であり、伸びシロがいくらでもあったような状態である。企業にはいくらでも設備投資をする余地があったし、安い給料はどんどん上がっていき、税収も急激に膨張した。

しかも当時は、まだ世界全体で開発が進んでおらず、東南アジアなどは今よりはるかに遅れていた。アジアの中で工業製品を輸出できる国は、日本くらいしかなかったのである。

だからこそ、日本は爆発的な勢いで経済成長することができたのだ。

今の日本は、もう産業設備も社会インフレも相当に整っている。またアジアや世界中の地域が発展し、競争相手も激増している。そんな中で、日本がかつてのような爆発的な成長をするのは絶対に不可能である。

そういう絶対に不可能なことを夢見て、やたらに大企業や富裕層を優遇し続けてきたのが、バブル崩壊後の日本なのである。

日本に必要なのは「経済成長」ではなく「経済循環」

そもそも今の日本は、高度成長を期待しなくてはならないような貧しい事態ではない。何度も繰り返すが、世界有数の経済大国であり、世界一といっていいほどの金持ち国である。

今の日本で問題なのは金がないことではなく、金があるのにそれがきちんと循環していないことにある。週に40時間まともに働いて、家族を養うどころか自分がまともに食えない国というのは、世界中そうそうあるものではない。

政治家や経済界の人は、それを恥じてほしい。

これだけ金を持っているくせに、国民をまともに食わせることさえできないのか、ということである。

極端な話、景気対策などは必要ないのである。

必要なのは大企業や富裕層がため込んでいる金を引き出して、金が足りない人のところに分配することだけなのである。

そのために、筆者は政府通貨を提言しているのだ。

しかも大企業や富裕層の金を引き出すといっても、資産を直接はぎ取ると言っているわけではない。彼らの持っている資産の「信用」だけを政府に貸してやればいいと言っているのである。

たったそれだけのことで、日本全体が救われるのである。

今の日本の最大の課題は、「経済成長」ではない。

もちろん経済成長も大事なことではある。しかし日本の経済競争力はまだまだ健在であり、それほど差し迫った問題ではない。

今は、それよりもはるかに切迫した問題があるのだ。

世界の10％以上という莫大な金を持っているのに、たった1億数千万人の国民を満足に生活させることができない「経済循環の悪さ」である。

その点に、為政者、経済界のリーダーたちは気づいていただきたい。

「爆発的な経済成長をすれば、すべての問題が解決する」

という安直で愚昧な政策を、もうこれ以上繰り返さないでいただきたい。

何度も言うが、今の日本は十二分に競争力はあるし、資産も持っているのである。経済循環が悪いだけなのだ。今、経済競争力や資産の余力があるうちに、この問題を解決しておかないと、近い将来、経済競争力や資産も失っていくのだ。

そして経済循環を良くするための方策として、筆者は政府通貨を推奨しているわけである。

日本の将来のために本当にすべきこと

バブル崩壊後の日本は、「国際競争力」という〝錦の御旗〟のもとで、企業の業績を最優先事項と捉え、サラリーマンの給料を下げ続け、非正規雇用を激増させてきた。

その結果、日本人が頑張って世界中から稼いできた富は一部の富裕層や企業に滞留し、経済循環を停滞させてしまった。

政治家や財界の人たちにもう一度、よく考えて欲しい。

本当の意味で日本の「国際競争力」を維持するためには、目先の企業業績だけを追い求めるのは違うはずである。

そもそも日本の高い競争力は、誰が担ってきたものなのか？

日本の高い技術力は、十分な教育を受けた勤勉な多くの国民が支えてきたものである。

だから競争力を維持したければ、まずは国民が普通の生活をしていける環境を整えるべきである。そして「金がないから進学できない」というような若者を絶対に出さないことである。

企業を優遇すれば、目先の経済指標は上向く。

しかし国民生活をおざなりにするような国は、長い目で見れば確実に国力を失っていくのである。決して多くない子供の教育さえままならない今の日本では、近い将来、国際競争力を失っていくのは火を見るより明らかである。

政治家も財界も、今しなくてはならないことは、バブル崩壊後に積み上げられた富裕層と大企業の資産をいかにして社会に役立たせるか、ということである。

そのためには消費税ではなく、政府通貨が必要なのである。

おわりに

今の金融・税システムでは日本の未来はない

これまで筆者は、著書の中で「今の日本では税金を払うべきではない」という主張をしてきた。現在の日本の税金、財政は矛盾に満ちており、税金を払うのはお金をドブに捨てるより、まだ悪いと。

筆者としては、今の税システムの現状を知っている者として正論を吐いてきたつもりではあったが、一抹の後ろめたさはあった。

「批判ばかりでは未来はない」

ということである。

筆者はこれまでほとんど著書において、批判はするが提言はしてこなかった。

それは、「生半可な提言などはするべきではない」という気持ちからだった。

今回、初めて提言をさせてもらった。

もちろん提言するからには、それなりの覚悟と自信があってこそのことであり、自分の主張には責任を持つつもりである。

今の日本の経済、財政を立て直すには、この方向しかないと筆者は考えている。今までの方法で、税を徴収して財政を立て直すのは金額的に無理である。もし、やろうとすれば大増税をしなければならないし、それをやれば、「不景気」「金詰まり」で、日本経済は本当に死んでしまう。

今の金融システム、税システムというのは、綿密な制度設計のもとにつくられたわけではない。古い温泉旅館のようにその場、その場で建て増しを繰り返し、どこがどこだかわからないような、いびつな構造になってしまっているのである。

今の金融システム、税システムは持続可能なものではないし、いずれ大幅な刷新が必要なのである。

だとしたら、もう時間を引き延ばしたりしないで、今、真剣に取り組むべきである。

政府通貨発行自体は「これしかない」と思っているが、細部の項目については筆者は決して自分の提言にこだわるつもりはない。この主張が問題提議となり、広く検討してもらうことが第一の目的である。コンピュータのシミュレーションなどを駆使し、もっと精度を高めてほしいとも思う。

ただ**「政府通貨は公共事業には使用しないこと」**という一項目は、絶対に守ってもらいたいと考えている。

最後に、好きなテーマで自由に書かせていただいたビジネス社の唐津氏ならびに、本書の製作に尽力をいただいた方々にこの場をお借りして御礼を申し上げます。

著者

2014年秋

[著者略歴]

大村大次郎（おおむら・おおじろう）

大阪府出身。元国税調査官。国税局で10年間、主に法人税担当調査官として勤務し、退職後、経営コンサルタント、フリーライターとなる。執筆、ラジオ出演、フジテレビ「マルサ!!」の監修など幅広く活躍中。主な著書に『税金を払う奴はバカ！』（ビジネス社）、『あらゆる領収書は経費で落とせる』『税務署員だけのヒミツの節税術』（以上、中公新書ラクレ）、『税務署が嫌がる「税金0円」の裏ワザ』(双葉新書)、『無税生活』（ベスト新書）、『決算書の9割は嘘である』（幻冬舎新書）、『税金の抜け穴』（角川oneテーマ21）など多数。

執筆協力／武田知弘

無税国家のつくり方

2014年10月21日　　1刷発行

著　者　大村大次郎

発行者　唐津 隆

発行所　株式会社ビジネス社

〒162-0805　東京都新宿区矢来町114番地 神楽坂高橋ビル5F
電話　03(5227)1602　FAX　03(5227)1603
http://www.business-sha.co.jp

〈印刷・製本〉中央精版印刷株式会社
〈装丁〉金子眞枝　〈DTP〉茂呂田剛（エムアンドケイ）
〈編集担当〉本田朋子　〈営業担当〉山口健志

ISBN978-4-8284-1773-8